0005941224-000457-2300-2978-03 172x224 140x210

Collana

Accademia

Il sapere a portata di tutti

Tonia Cartolano

LEADHERS

Donne e storie di straordinaria normalità

Collana Accademia
LeadHers
di Tonia Cartolano
prima edizione: ottobre 2022
© 2022, Santelli editore

Gruppo Editoriale Santelli

Santelli editore *dal 1987*
Via P. Calamandrei, 1
Cinisello B. - Milano - 20092
391.4602257
www.santellieditore.it
www.santellionline.it

Copertina a cura di **Gaia Termini**

Photo credits: **Alessandro Viapiano**

> Tutti i diritti sono riservati, compresi la traduzione, l'adattamento totale o parziale, la riproduzione, la comunicazione al pubblico e la messa a disposizione con qualsiasi mezzo e/o su qualunque supporto (ivi compresi i microfilm, i film, le fotocopie, i supporti elettronici o digitali), nonché la memorizzazione elettronica e qualsiasi sistema di immagazzinamento e recupero di informazioni. Ogni violazione di legge sarà perseguita a termini di legge.

Prefazione

Queste righe poste sulla soglia del volume che la lettrice o il lettore ha ora tra le mani corrispondono letteralmente al valore etimologico del termine "prefazione". Esse, infatti, sono state "fatte", cioè scritte, "prima" della galleria di ritratti femminili che seguiranno, quasi anticipando quelle voci che successivamente abbiamo anche noi ascoltato. Sarà, quindi, una libera riflessione dal taglio quasi "impressionistico": essa affida alle parole di Tonia Cartolano, noto volto televisivo e giornalista, il compito di offrire la vera "introduzione" al settenario di donne che sono state convocate sulla ribalta perché esprimessero la loro testimonianza autobiografica.

Ho incontrato anch'io più volte alcune di loro e posso confermare che esse erano contemporaneamente "normali", eppure straordinarie, erano simili nella loro femminilità, eppure diverse nella loro personalità. E ascoltando loro in modo esplicito e le altre che popolano queste pagine in forma indiretta, ho ritrovato in pienezza una componente che Tonia Cartolano abbozza in una sorta di profilo comune. Certo, queste donne hanno dimostrato competenza, conoscenza, capacità di leadership, conquistata spesso attraverso una lunga "ascesi": non per nulla l'originale greco *áskesis* significa "esercizio" e rimanda alla fatica sudata ma anche alla lievità e bellezza finale dell'atleta o della danzatrice classica.

Ma si aggiunge anche un'altra dimensione che si allarga tra due polarità entro le quali si stende il tessuto della vita: "la vittoria e la sconfitta, la dominazione e la subordinazione rispetto al dolore", in pratica la sospensione costante tra il riso e le lacrime, la gioia e la sofferenza, la luce serena e l'oscurità angosciante. Tra questi nodi estremi è tesa la filigrana di quella umanità comune che unisce donne e uomini. È forse in questa prospettiva che Tonia, a cui mi unisce una ormai lunga conoscenza-simpatia-sintonia fiorita da un dialogo occasionale durante la celebrazione di un premio letterario, ha voluto che in questo libro tutto al femminile ci fosse anche una presenza maschile e, per di più, così connotata come può essere quella di un cardinale della Chiesa cattolica.

È ovvio che non ha senso in queste righe essenziali sbrogliare il groviglio delle interrogazioni, delle interpellanze, anche delle provocazioni che si legano direttamente all'istituzione che rappresento, alla sua storia e alla sua prassi nei confronti del mondo femminile. È indubbio che sia necessario procedere a una radicale opera di reinterpretazione della dottrina tradizionale. Essa si àncora al codice sacro e culturale di riferimento, cioè la Bibbia, che rivela – proprio per il suo proporre una religione storica e "incarnata", non affidata a un progetto teologico asettico e perfetto – coordinate socio-culturali connotate. In esse domina il modello patriarcale, spesso assunto dalla tradizione giudaica e cristiana successiva secondo modalità letteralistiche o fondamentalistiche. Ma era già san Paolo che ammoniva i cristiani di Corinto sulla "lettera che uccide", mentre è solo "lo spirito che dà vita" e, "ove c'è lo spirito, c'è libertà" (2Corinzi 3,6.17).

Tuttavia, proprio riferendoci a quel testo sacro, "alfabeto colorato in cui i pittori per secoli hanno intinto il loro pennello", come confessava Marc Chagall, "grande lessico di parole, immagini, narrazioni, simboli, personaggi, temi" sfogliato da generazioni di letterati e musicisti, come suggeriva il poeta francese Paul Claudel, possiamo individuare la traccia di un ben diverso approccio religioso al femminile.

In questa linea l'autrice nel suo discorso preliminare evoca una folgorante descrizione della coppia, derivata dalla tradizione giudaica del *Talmud*. È proprio da quell'orizzonte primario biblico, anzi, dal suo stesso *incipit* primordiale, costituito dalle due pagine iniziali del libro della *Genesi*, che vorremmo introdurre una nostra nota teologico-culturale.

Celebre, infatti, è il parallelismo che un passo, posto proprio in apertura a quel testo, introduce: "Dio creò l'uomo a sua immagine; a immagine di Dio lo creò: maschio e femmina li creò" (*Genesi* 1,27).

Come è evidente, l'immagine "divina" nella creatura umana non è tanto l'anima, secondo una tradizione teologico-filosofica secolare, né il solo maschio, come sosterranno l'esegesi giudaica e anche paolina, bensì la coppia nella sua bipolarità sessuale. E questo perché la fecondità e l'amore reciproco dell'uomo e della donna sono la "statua" vivente più efficace per rappresentare il Creatore e il suo atto creativo. Non sorprenderà, allora, che si assegnino a Dio stesso lineamenti non solo maschili ma anche femminili, come l'avere un grembo (*rahamîm* in ebraico e *splánchna* nel greco neotestamentario per Cristo), sorgente di tenerezza, di amore, di passione, al punto tale da mettere in bocca a Dio queste parole: "Si dimentica forse una donna del suo bambino, così da non commuoversi per il figlio delle sue viscere? Anche se costoro si dimenticassero, io invece non ti dimenticherò mai" (*Isaia* 49,15).

Ma, trasferendoci all'altra pagina, il c. 2 della *Genesi*, il profilo completo della creatura umana è attuato solo quando Adamo, ossia l'uomo di tutti i tempi, incontra un "aiuto corrispondente" a sé, diverso dal suo Creatore con cui è in relazione, ma anche dagli animali ai quali ha attribuito un nome. L'originale ebraico è incisivo: l' "aiuto" dev'essere *kenegdô*, letteralmente "come di fronte a lui". L'affermazione divina è netta: "Non è bene che l'uomo sia solo: voglio fargli un aiuto *kenegdô*" (Genesi 2,18). La solitudine è infranta quando l'uomo ha davanti a sé un volto, gli occhi negli occhi, e scatta quella reciprocità che è mirabilmente celebrata dalla donna protagonista del *Cantico dei cantici*: "Il mio amato è mio e io sono sua... Io sono del mio amato e il mio amato è mio" (2,16; 6,3). Lo stesso simbolo della "costola", che nell'originale ebraico è semplicemente il "lato, fianco", ribadisce la parità sostanziale nella diversità, un'immagine ben lontana dalla tradizionale rilettura popolare antifemminista.

Ed è in questa luce che dovremmo far scorrere – accanto a quella maschile – la sequenza delle donne leader bibliche: dalla figlia del faraone che salva il neonato Mosè dalle acque del Nilo, a Debora, vera e propria "madre della patria" ebraica, come lo saranno Ester e Giuditta, capaci di ergersi contro il potere aggressivo e tirannico. Oppure, pensare anche all'ascesa sociale di Ruth, emigrata straniera, che diventerà l'antenata del re Davide. Nonostante il contesto sociale patriarcale, nelle Scritture Sacre si muove una folla di donne, tutt'altro che marginali, come emerge anche nel corteo di discepole che accompagnano Gesù e che saranno le prime a incontrarlo nelle vesti del risorto glorioso.

Tra loro si erge il profilo di Maria, sua madre, tanto rilevante nel culto e nella cultura cristiana. Come spesso ha ricordato papa Francesco, nella scena della Pentecoste all'interno del Cenacolo, lei è idealmente al centro dell'accolta degli apostoli che sono gli archetipi dei vescovi: Maria non è come loro, eppure è molto più di loro. La sua figura si trasforma, quindi, in un invito rivolto alla Chiesa – che è pur sempre un vocabolo femminile di matrice greca (*ekklesía*) e che nell'*Apocalisse* è rappresentata come una Sposa – a non leggere solo clericalmente la struttura ecclesiale, collocando la donna in una posizione alta specifica e propria, come in quella scena descritta nella prima pagina degli *Atti degli apostoli* (1,12-14).

Certo, la tragica, brutale, infame prevaricazione degli uomini sulle loro compagne di cui siamo attoniti (e spesso inerti) testimoni lascia striature di sangue da sempre, anche nelle pagine bibliche: si provi, ad esempio, a seguire le storie bestiali di violenza riguardanti Dina (*Genesi* 34) e Tamar (*2Samuele* 13) o la vicenda ancor più terribile dell'anonima compagna di un levita violentata e massacrata da alcuni maschi della tribù di Beniamino (*Giudici* 19). In questo senso la Bibbia ci invita a non girare altrove lo sguardo fissandolo nei cieli sereni della trascendenza, ma a impegnarsi nella storia, segnata dalla violenza, ove si leva la voce delle vittime, spesso donne coi loro bambini.

La divagazione che abbiamo voluto premettere ai dialoghi che seguiranno vorrebbe, perciò, esaltare ancora di più l'impegno arduo vissuto da queste protagoniste, ma anche da tante altre donne anonime che ogni giorno affrontano un'esistenza aspra col loro coraggio, l'intelligenza e quella finezza interiore, purtroppo spesso assente nel mondo maschile. Lo scrittore anglo-polacco Joseph Conrad nella sua opera *Un briciolo di fortuna* (1911) giustamente annotava: "Essere donna è terribilmente difficile perché consiste principalmente nell'aver a che fare con gli uomini".

Non si devono, certo, cancellare i limiti reciproci, come non esitava a riconoscere un po' bruscamente un'altra scrittrice, l'inglese ottocentesca George Eliot che aveva assunto paradossalmente questo pseudonimo maschile: "Le donne sono spesso stupide. Dio onnipotente le ha create per essere uguali agli uomini". Né è corretto adottare una sorta di autoreferenzialità, come accade nel villaggio cinese di Pumei ove le donne tra loro usano una lingua solo femminile, il *nusha*, tramandato dalle madri alle figlie e incomprensibile ai maschi. Le sette testimoni di questo libro sono la più netta smentita di ogni esclusivismo o illusione, ed è così che la loro esperienza può essere paradigmatica per tutte e tutti.

L'occasione che mi è stata offerta di intervenire in questo volume tutto al femminile mi permette però – avendo ormai alle spalle una lunga biografia segnata dalle più diverse esperienze, incontri, dialoghi – di riconoscere senza retorica il grande, costante e variegato dono di affetto, di sapienza, di bellezza, di coraggio, di tenerezza, di spiritualità e di creatività che ho ricevuto dalle tante figure femminili che hanno incrociato la mia vita, a partire naturalmente da chi mi ha generato. Forse aveva ragione l'autore tedesco settecentesco Gotthold Ephraim Lessing, quando dichiarava che "ci sono certe cose dove l'occhio femminile vede sempre più acutamente di cento occhi maschili". Ma, come cristiano e studioso della Bibbia, è giusto che ponga a suggello dell'ospitalità che mi è stata riservata in questo libro, la vigorosa affermazione dell'apostolo Paolo, che pure in altre occasioni si rivelava figlio del suo tempo e della sua cultura di impronta maschilista: "Non c'è Giudeo né Greco; non c'è schiavo né libero; non c'è maschio e femmina, perché tutti voi siete uno in Cristo Gesù" (*Galati* 3,28).

Cardinale Gianfranco Ravasi

A mia madre e alle meravigliose donne della mia vita.

Introduzione

Le protagoniste di questo libro sono sette donne straordinariamente normali, tutte diverse, ma che in comune hanno la stessa forza. *Forza* è un sostantivo femminile. E la loro è una forza libera, fatta di flessibilità, di velocità, di coraggio, di equilibrio, di immaginazione. Una forza verdeggiante. Sono donne che fanno un patto con la verità, che accettano di non nascondere niente, di non nascondere soprattutto se stesse. Nessun affresco di eroine ribelli, di Wonder Women dei nostri giorni, ma donne che raccontano chi erano e chi sono, cosa sognavano e cosa sognano ora dopo un pezzo di vita. Non è un catalogo di donne esemplari, ma sono comunque storie educative, sono modelli da seguire, di ispirazione per altre donne, le più giovani che ne hanno bisogno, perché la strada dell'affermazione femminile è breve, recente e non scontata. Sono modelli educativi perché raccontano il difficile e il possibile, chi sono davvero, da dove vengono, quanta paura hanno avuto, come hanno vinto e cosa hanno imparato quando hanno perso. Nelle loro parole c'è il presente e sui volti il passato. I loro racconti sono una galoppata tra le ambizioni, le frustrazioni, l'essere madri o l'essere solo mogli o compagne, il sentirsi estremamente fragili o incredibilmente forti. Con una consapevolezza, che grandi donne non si nasce ma si diventa.

Il patto che ho fatto con le protagoniste del mio libro ha una sola premessa: che il loro racconto nascesse da un lungo caffè e da una bella chiacchierata tra donne. Insomma, che prevedesse un incontro vero, quello che spesso la pandemia ci ha tolto, per raccontare cose che pensavano di dover invecchiare prima di poter narrare. Altro che il silenzio a cui Telemaco nell'Odissea di Omero relega la madre, Penelope, ricordandole che "la parola spetta agli uomini", quando la donna chiede all'aedo di cantare qualcosa di meno triste del ritorno da Troia degli eroi achei. La voce femminile è differente, foriera di una diversa concezione del mondo, capaci come sono, solo loro, le donne, di partorire il futuro.

Questo libro apre una porta e la chiave è modellata sulle storie delle donne che ho scelto di incontrare. Sono loro stesse che mi portano a esplorare i vasti orizzonti delle possibilità che nascono dalla competenza, dalla conoscenza, dalla capacità di destreggiarsi tra due polarità come vittoria e sconfitta, dominazione e subordinazione rispetto al dolore. Il dolore, appunto. E poiché tornare indietro non è una soluzione, come andare avanti? Una trasformazione di cosa in cosa? E soprattutto, si può, anche venendo dal nulla, talvolta anche dall'inferno, arrivare lontano?

Per rispondere a queste domande ho dovuto scomodare quelle bambine tra le braccia dei loro papà o costringerle a riascoltare quel giudizio insopportabile. Poi abbiamo dovuto guardare i mostri negli occhi insieme, tornare agli ostacoli. Insieme siamo arrivate, prima che alla verità, alla scoperta della forza e alla comprensione del chi possiamo diventare, senza mai dimenticare chi siamo state.

Le mie donne sono diverse, tra loro e in assoluto, e accettano di condividere un materiale umano preziosissimo. Sono brave, preparate, convincenti, pronte a raccontarsi e a ispirare le nuove generazioni di donne.

Ho bevuto lunghi caffè attraversando decenni e desideri. Ho scoperto la loro forza, che non è nei muscoli ma nella voce: calma e calda come il suo respiro mentre si tuffa quella di Tania Cagnotto, graffiante e veloce quella della signora Elisabetta Franchi. Oppure decisa come il movimento della bacchetta con cui Speranza Scappucci dirige. Elegante e sicura quella di Elisabetta Belloni. Ha una forza centrata su di sé ma protesa verso il mondo la voce di Paola Severino. È riflessiva e risolutiva quella di Titti Postiglione, mentre quella di Gaia Pigino sembra procedere per tentativi ed esperimenti prima di arrivare in fondo, come fa nella ricerca scientifica.

Ho scelto sette donne (7 è il numero della completezza, 7 i mondi, 7 i colori dell'arcobaleno, 7 i giorni della settimana a cui affidare quotidianamente un racconto) che non avessero alcuna intenzione di pontificare sulla parità di genere o sull'emancipazione femminile. Nessuna retorica, solo racconti di donne che il loro posto nel mondo se lo sono preso e basta, lavorando sodo. Parlano le loro storie. Nessuna morale, solo vita vera.

Se ci chiedono di chiudere gli occhi e di pensare a un professore universitario o a un presidente, a chi pensiamo? Ho fatto un test: il pensiero non corre immediatamente a una donna. Forse è anche un po' colpa nostra: è vero che i tailleur pantaloni di Angela Merkel erano comodi, ma sono anche un po' il modo per far apparire il femminile un po' più maschile. La regina Elisabetta ne sapeva qualcosa quando disse di avere il cuore e lo stomaco di un re. E pensare che stomaco e cuore di una regina come lei hanno dimostrato di essere anche meglio. Si legge nel *Talmud*: "State molto attenti a far piangere una donna perché Dio conta le sue lacrime! La donna è uscita dalla costola dell'uomo, non dai piedi perché dovesse essere calpestata, né dalla testa per essere superiore, ma dal fianco per essere uguale, un po' più in basso del braccio per essere protetta e dal lato del cuore per essere amata". Non sono opposte agli uomini, le donne: sono semplicemente diverse e uniche. Talvolta troppo impegnate ad assomigliare all'altro sesso, disperdendo il meglio di loro. Sono diversi fin dalla nascita i cervelli degli uomini e delle donne, oltre che nell'anatomia anche nel modo di funzionare. Differenze che coinvolgono la genetica, gli ormoni, i comportamenti e che non implicano alcun giudizio di superiorità o inferiorità, di minore o maggiore intelligenza, ma sono il risultato semplicemente del fatto che nel corso dei millenni hanno svolto ruoli diversi e ciò ha determinato sviluppi cerebrali diversi. "Il codice genetico femminile per più del 99% è identico a quello maschile – dice un grande neurochirurgo, il professor Giulio Maira –. Questo vuol dire che dei 30mila geni presenti nel genoma umano la variazione tra i sessi è minima, inferiore all'1%. Tuttavia, sappiamo che differenze anche in pochi geni chiave possono avere profonde influenze sulle dimensioni e sull'organizzazione del cervello. Pensate a quale grande differenza ci sia tra il cervello di grandi scienziati come Albert Einstein o Rita Levi Montalcini, e quello di uno scimpanzé. Eppure, i loro genomi differiscono solo per l'1,2%". E poi ci sono le differenze nel numero dei neuroni e nella densità delle connessioni.

"Nel cervello della donna è stato riscontrato un maggior spessore di due strutture che facilitano la comunicazione tra i due emisferi. In questo modo il cervello femminile ogni volta che deve interagire con la realtà esterna riesce a reclutare sinapsi in maniera massiva da entrambi gli emisferi, facilitando la comunicazione tra pensiero analitico e pensiero intuitivo. Conseguenza di questo diverso arrangiamento delle fibre è che nelle donne la comunicazione interemisferica è facilitata e il loro cervello ha una modalità di funzionamento più globale, più idonea alla comprensione intuitiva dei problemi, anche complessi, rispetto alla procedura razionale e sequenziale, più tipica del sesso maschile".

Le storie che leggerete non sono sermoni sulla leadership al femminile, ma sono donne che raccontano la loro vita dall'inizio, che ripescano ricordi e persone che le hanno guidate, illuminate, ispirate per farle arrivare fin dove sono ora. E sono a loro volta ispirazione per altre giovani donne e pretesto per farci dire che sono ancora poche quelle che pur avendo capacità, abilità, competenze e talento non riescono ad "arrivare". Lo fotografa chiaramente una ricerca promossa da Fondazione Centesimus Annus e SACRU (un network internazionale di 10 atenei di 8 Paesi, di cui l'Università Cattolica del Sacro Cuore è capofila), che analizza le diseguaglianze che impediscono alle donne di raggiungere ruoli apicali. "Le donne sono la metà della popolazione mondiale. Hanno grandi talenti e potenzialità. Se potessero godere della piena uguaglianza di opportunità, potrebbero contribuire sostanzialmente al necessario cambiamento verso un mondo di pace, inclusione, solidarietà e sostenibilità".

Lo sa bene Anna Maria Tarantola, Presidente della Fondazione e promotrice della ricerca. Lei che, in un mondo di maschi, ha sempre creduto che la parità vada raggiunta nella diversità.

"È così che si arriva al miglior risultato. È quello che gli economisti chiamano diversità efficiente. Servono porte aperte – dice – e un campo dove possano giocare tutti con le stesse regole e ciascuno secondo le proprie caratteristiche. La cura, per esempio, tipica femminile. E la capacità di cura si può esprimere non solo nell'ambito della famiglia, ma in egual misura anche in politica e sul lavoro, in maniera significativa. E se per partecipare ad ambiti che finora sono stati gestiti e controllati dagli uomini servono le quote, ben vengano. Certo, la quota è un'azione di forza, a volte necessaria. In economia quando ti trovi di fronte all'impossibilità di avere delle situazioni in cui ci sia effettivamente una corretta competizione devi, dunque, esercitare un'azione di forza sperando che serva a cambiare le cose e che la competizione diventi uguale per tutti: *fair competition for everybody*", dice. E una volta che ci sei, anche grazie alla quota, giocarsela, secondo le proprie caratteristiche e senza scimmiottare gli uomini.

"A una ragazza che ha l'intenzione e la possibilità di fare carriera io direi che non deve emulare gli uomini, ma investire nelle sue caratteristiche, in ciò che costituisce l'essere donna, che si realizza anche nell'empatia e nella capacità di piangere. Io ci sono rimasta malissimo quando attaccarono Elsa Fornero perché presentando la riforma delle pensioni aveva pianto. In quel momento stava facendo una cosa economicamente corretta ma socialmente pesante e espresse proprio queste due caratteristiche: cioè che da un lato era capacissima di fare un'analisi economica razionale come un uomo e quindi di adottare una scelta che in quel momento era ritenuta necessaria, ma nello stesso tempo lei capiva il costo sociale e soffriva. E cosa c'è di male in questo? Non è che io per diventare ministro del lavoro devo perdere il cuore, devo diventare una persona col pelo sullo stomaco al quale non importa niente di qual è l'impatto sociale di quello che sto decidendo" dice Anna Maria Tarantola.

L'educazione è il primo modo per fornire alle donne

le competenze e le conoscenze necessarie per affrontare le nuove sfide del mondo del lavoro, ma soprattutto per facilitare il cambiamento della cultura patriarcale, ancora prevalente. L'istruzione è la porta d'ingresso per la libertà, la democrazia e lo sviluppo, diceva Nelson Mandela, eppure ancora oggi a 140 milioni di bambine nel mondo è negato il diritto allo studio.

Leadership al femminile non significa arrivare ai vertici di una multinazionale o arrivare a capo del mondo, ma del proprio mondo sì. Significa viaggiare, intraprendere il proprio percorso senza pensare che ci siano strade precluse, che non siano percorribili. Attualmente i dati dicono spesso il contrario. Nel nostro Paese solo nel 28% dei casi le donne occupano posizioni elevate e in media guadagnano il 15% in meno degli uomini (dati Istat del 2019). E su 100 amministratori delegati solo 3 sono donne. Stesso svantaggio a livello europeo dove il divario tra il tasso di occupazione delle donne e degli uomini aumenta molto con il numero dei figli (dati Istat del 2019).

E che succede quando una donna va addirittura nello spazio, come Samantha Cristoforetti? Che nei momenti concitati ed emozionanti della partenza per la stazione spaziale internazionale il mondo si faccia quelle domande che mortificano le donne e anche gli uomini. Ma come? Sei mesi lontana senza poter prendere un treno per tornare dai figli? E i bambini a chi li lascia? Al padre? Ma come? Ma la vera domanda è un'altra: se Samantha Cristoforetti fosse stata un uomo, come quasi tutti gli astronauti, qualcuno avrebbe chiesto "E i bambini a chi li lascia?"? E invece no, siamo indietro anni luce e lei più avanti di tutti, nello spazio e nel tempo.

E dunque, a cosa servono le sette storie che state per leggere? Io credo che le storie servano a scaldarci quando il tempo scorre troppo lento e fuori è freddo. Credo che servano a farci sentire meno sole e a sapere che condividiamo lo stesso viaggio. Servono a farci incrociare sguardi diversi, occhi affaticati ma soddisfatti, mani solide e teste piene di futuro. Ci servono per osservare, mentre avanzano, passi a volte rapidi e a volte lenti, orme da calcare. E ognuna di quelle orme è già una storia.

Elisabetta Belloni

*Essere leader per me significa
dare l'esempio con responsabilità,
andare dritto e non aver paura,
mai sottrarsi a una decisione
per paura delle conseguenze.*

1
Il sorriso della competenza

Elisabetta Belloni dal 2021 è la Direttrice del Dipartimento delle informazioni per la sicurezza (DIS). È stata la prima donna nella storia del Ministero degli Esteri a essere nominata Segretario generale e prima donna in Italia alla guida dei Servizi segreti nazionali.

È da quando sono piccola che ho la mania o forse l'abitudine, come direbbe Annie Ernaux, "di trasformare il mondo in parole". Come dice mia sorella: "sai sempre dove andarle a cercare e come metterle in fila".

Ma nelle mie giornate di tempo rubato al sonno, il pensiero di trovare quelle giuste, adeguate, e che restituissero la fiducia che Elisabetta Belloni mi ha accordato accettando di raccontarsi, mi ha quasi perseguitato, ammetto.

Rientrando in treno da Roma a Milano non sapevo se essere più concentrata a fissare un'idea quando arrivava inaspettata (aggrappandomi con tutte le forze per non farla scappare, per non perdere l'inclinazione di una battuta o il ritmo di una porzione della nostra chiacchierata appena finita), o più preoccupata che avrebbe potuto cambiare idea. È evidente che se state leggendo la sua storia per fortuna non è successo. Ma non era così ovvio.

Devo essere sincera: quando ha iniziato a frullarmi in testa l'idea di questo libro nutrivo pochissime speranze sulla possibilità di ottenere un'intervista da Elisabetta Belloni. Una donna estremamente riservata che nella sua lunga carriera diplomatica ha infranto radicati tabù professionali ricoprendo alte cariche istituzionali storicamente riservate agli uomini, riuscendo contemporaneamente a rimanere lontana dai riflettori, sempre con naturale sobrietà e un rassicurante sorriso.

Elisabetta Belloni è il tipo di donna che incute negli altri il desiderio di autenticità, la stessa che ispira mentre parla, liberandomi finalmente dal timore di infrangere la sua impenetrabilità e regalandosi un salto nel passato e nei ricordi. D'altronde, "che cos'è la vita se non ti fermi un attimo a ripensarla?" diceva Goliarda Sapienza.

Mette subito le mani avanti per dirmi che ha una pessima memoria. Siamo in due, la rassicuro. Ho imparato col tempo, però, che è tutto registrato, che non si perde nulla, bisogna solo saperlo andare a cercare. A volte basta una chiave d'accesso, basta un profumo, una parola per riportarci dove ci serve andare, dove forse non vorremmo più tornare o semplicemente dove siamo rimasti.

Mentre il caffè è ancora fumante, Elisabetta Belloni mi confida che non conserva particolari ricordi della sua infanzia, e questo in teoria dovrebbe paralizzare me e la nostra chiacchierata. Altroché. E vedrete.

La prima vera sorpresa arriva attraverso l'immagine di una bambina molto vivace a cui piaceva fare tante cose, senza mai tirarsi indietro. In cima all'albero una giovane baronessa rampante si arrampica, cade e si arrampica ancora, nascondendo le ginocchia ferite sotto l'orlo del vestito fresco di bucato. In lei e nel suo sguardo curioso scorgo l'innata attitudine alla scoperta, il gusto della sfida, il desiderio di superare costantemente se stessa.

Elisabetta cresce in una famiglia in cui lo studio è sul podio delle priorità: il padre è un ingegnere, sua madre insegna latino e filosofia, i valori trasmessi non hanno niente a che fare con soldi, bellezza e vana gloria. Ciò che si respira tra le mura di casa è soltanto l'amore per la cultura in ogni manifestazione.

Ma nella sua formazione un ruolo decisamente importante è da attribuire sicuramente ai gesuiti. Dopo la scuola francese frequenta l'Istituto Massimiliano Massimo di Roma, in una classe con soltanto otto donne su duemila alunni. Qui l'accezione di istruzione non differisce da quella di crescita personale: lo studio e l'esperienza di vita si fondono nell'insegnamento di materie, pensieri e discorsi in divenire che rendono ogni singolo studente l'autore assoluto della propria *weltanschauung*. La visione profonda delle cose, lo sguardo a tutto tondo scevro da giudizio alcuno, l'apertura mentale, la necessità di un percorso che tenda sempre verso il giusto, sono soltanto alcuni dei principi fondamentali che Elisabetta Belloni acquisisce durante questi anni di studio e da cui si lascerà guidare nella vita.

Anche durante il liceo si conferma una ragazza brillante e studiosa e l'ambiente gesuita, in cui non esiste censura o repressione, in cui ognuno è libero di esprimere la propria personalità purché dimostri una grande preparazione, si rivela essere quello più adatto alla sua indole libera.

"Ero una ragazza molto vivace, una volta ho annaffiato tutta la classe con l'idrante. Durante una lezione di matematica invece, uscii e andai al bar a prendere un cornetto. Quando tornai trovai tutto lo staff, incluso il preside, ad accogliermi. Nessuno proferì parola, non ce ne fu bisogno".

La sua espressione ferma ma al contempo accogliente si scioglie in un sorriso di tenerezza quando ricorda il suo insegnante di filosofia, padre Parisi, che in un anno non la interrogò nemmeno una volta per poi metterle un volto altissimo, senza averla mai ascoltata. Quando gli chiese il motivo di quel comportamento, lui rispose: "Non ti ho mai voluto dare la soddisfazione di interrogarti". Fu lì che Elisabetta per la prima volta capì quanto poco nella vita contasse il riconoscimento esterno, quanto il significato ultimo delle cose risieda nell'essenza, in ciò che si è, in ciò che si fa, nel riflesso allo specchio e non nello sguardo altrui, nell'impegno dedicato a creare la versione migliore di se stessi. "Quel giorno inaspettatamente imparai a distinguere tra sostanza ed ego".

È ancora un'adolescente quando trascorre i pomeriggi a perdersi nei corridoi della facoltà di Ingegneria a San Pietro in Vincoli. S'intrufola nelle aule per seguire le lezioni di nascosto, ma spesso le capita di essere colta in flagrante dai professori, vecchi compagni di studio del padre. Finito il liceo, Elisabetta non ha quindi dubbi: vorrebbe iscriversi a ingegneria fisica. Non avendo memoria per lei la matematica è sempre stata semplice, non necessita uno studio mnemonico ma un apprendimento basato sulla logica, non ha bisogno di studiarla perché la capisce perfettamente. Al momento della scelta finale però suo padre la scoraggia, la facoltà di ingegneria è ancora di appannaggio esclusivamente maschile, trova che sia una specialità troppo algida, non sufficientemente romantica, poco adatta a una donna. Elisabetta è indecisa, ha anche un'altra passione, le scienze politiche e la prospettiva di un lavoro che le dia la possibilità di viaggiare e conoscere il mondo, di confrontarsi con le dinamiche del negoziato e della moderazione.

Lascia che sia il caso a decidere ciò che in cuor suo ha già scelto: lancia in aria la monetina e prima che risuoni sul pavimento ha già intrapreso il corso degli studi internazionali.

Un grande e ricambiato amore che durerà per sempre.

Si laurea alla Luiss con il massimo dei voti e dopo la discussione della tesi l'ambasciatore Mondello, che per un caso fortuito ha assistito alla discussione, le chiede di diventare sua assistente all'università e successivamente la persuade a partecipare al concorso diplomatico.

In realtà Elisabetta accarezza questo desiderio già

da anni, è da sempre un'amante della dimensione internazionale, è attratta dall'incontro con le verità altrui, dagli aspetti agrodolci del compromesso e del dialogo, trova che in tale processo di confronto risieda la reale crescita di sé.

Nel 1985 inizia così la sua carriera diplomatica presso la Direzione generale degli affari politici della Farnesina, nel 1986 si trasferisce a Vienna presso l'Organizzazione delle Nazioni Unite per lo Sviluppo Industriale e dal 1989 al 1992 ritorna alla Direzione degli affari politici. Dal 1993 al 1996 è Primo Segretario a Vienna alla Rappresentanza diplomatica presso le Organizzazioni internazionali.

Entra molto presto in un mondo a cui le donne hanno accesso da meno di vent'anni, in cui non esistono ancora diplomatiche col grado di ambasciatrici e dove molte continuano a essere chiamate al maschile in quanto, per un'assurda tradizione, con il termine "ambasciatrici" vengono indicate le mogli degli ambasciatori. Queste ultime si sono infatti occupate per anni esclusivamente delle attività di supporto ai mariti, cosa che al giorno d'oggi fa sorridere: ormai la maggior parte delle mogli degli ambasciatori ha una propria attività slegata da quella del marito e quindi nessuna consorte ha più bisogno di riflettere di luce non propria, di essere indicata con etichette in regalo e titoli condivisi.

Quando Elisabetta Belloni partecipa al concorso sono soltanto due le donne in corsa, l'anno successivo nemmeno una. Dimostrare il proprio valore, la legittimità di coordinare la vita privata con quella professionale, dover costantemente ribadire che l'impegno di una donna è pari a quello di un uomo, sono oggi circostanze meno frequenti ma non del tutto scomparse che all'inizio della carriera diplomatica lei si trova ad affrontare quotidianamente.

"Se rompi questo tetto di cristallo una volta, lo hai rotto per sempre, nel senso che adesso nessuno metterebbe in discussione che ce la posso fare. Anche se credo che arrivi sempre un momento per ogni donna in cui, nonostante il percorso già fatto, le verrà chiesto di dimostrare ancora, cosa che agli uomini non succede".

Siamo ancora lontani da un'assoluta parità e il percorso risulta spesso controverso, sicuramente complesso. Segnalare per determinate posizioni una figura soltanto per il genere e non per il merito mortifica qualsiasi candidato, uomo o donna che sia. Elisabetta Belloni ha sempre lottato durante la sua carriera perché ogni singolo posto venisse assegnato a chi meritava davvero e non necessariamente a una donna scelta solo in virtù del suo genere.

L'ambasciatrice Belloni ha ricoperto tanti ruoli, diversi, complementari, e ha conosciuto tante donne. Nella sua esperienza è giunta alla conclusione che le donne abbiano almeno tre caratteristiche diverse rispetto agli uomini e questa differenza non può che essere antropologica, strettamente connessa con il modo di essere.

Innanzitutto, la donna ha una sua attitudine a guardare molto di più al lavoro in termini di risultati che all'impatto che l'esito dell'impegno può avere sullo sviluppo della sua carriera. Le donne guardano la sostanza, il nocciolo della questione, l'obiettivo nudo e crudo, possiedono una naturale tendenza ad assumersi la responsabilità senza calcolare quanto questo possa compromettere o agevolare la percezione e la valutazione del proprio operato. L'uomo è molto più concentrato sull'opportunità delle sue scelte, ha una mente più calcolatrice, tesa costantemente alla valutazione della promozione, dell'aumento di stipendio.

La seconda differenza antropologica è l'ego: gli uomini sono molto più egocentrici nel lavoro, mentre nelle donne il voler apparire o accentrare è molto meno frequente.

In terzo luogo, le donne, che sono quelle che biologicamente danno la vita, sono per natura inclini a pensare al futuro, alla progettualità e quindi alle conseguenze delle proprie azioni. Sono abituate a guardare sempre in prospettiva, con uno sguardo a trecentosessanta gradi. Raramente sono superficiali, hanno un pensiero più complesso che mira ad andare in profondità.

I tempi, si sa, evolvono e per far sì che evolva anche la condizione della donna è necessario che tante di loro dimostrino che quella cosa si può fare. I processi vengono marcati dai numeri, di questo è convinta: quando avremo un numero sufficiente di donne che ci permetteranno di non parlare della questione di genere non sarà più un argomento di discussione. Concordo.

Ho conosciuto Elisabetta Belloni ai tempi in cui lei era a capo dell'Unità di Crisi della Farnesina. Era il 2004. Era stata appena nominata e solo un mese e mezzo dopo, il 26 dicembre, si trovò ad affrontare la tragedia dello tsunami nel sudest asiatico con migliaia di turisti italiani in zona, centinaia di dispersi, il difficile compito di contattare le famiglie delle vittime e organizzare i rimpatri. Lei risolveva, io raccontavo. Ma lei quel compito non facile lo svolgeva con una caratteristica che uguale non ho mai più ritrovato in nessuno: una calma spiazzante e un delicato e rispettoso sorriso sulle labbra. E i capelli a posto, sempre.

"Quando capisci che hai gli strumenti per gestire al meglio delle tue capacità, quando sei sicura che quello che puoi fare lo hai fatto, imprevisti permettendo, quando hai analizzato ogni aspetto della situazione e ti prepari ad affrontarla in buona fede e con i mezzi a tua disposizione, non puoi non essere tranquilla" mi racconta oggi a distanza di quasi 20 anni. Sospetto confermato: una sicurezza e una tranquillità sorridente che arrivano da una competenza solida e dalla "coscienza a posto".

Ancora una volta la sua prima formazione si fa sentire: nell'esercizio dei suoi ruoli da adulta ritorna vivida l'importanza della cultura e della preparazione appresa in famiglia e dai gesuiti quando era ancora una fanciulla sognante. E da allora mai l'ha abbandonata la consapevolezza che la conoscenza sia l'unico strumento a disposizione per conseguire qualcosa che sia duraturo e non vulnerabile a troppi scossoni.

Se c'è la preparazione, prima o poi arriverà anche l'approvazione, su questo non ha mai nutrito dubbi. Nel mondo di oggi basato su una comunicazione bulimica, su social media che ci costringono all'elaborazione superficiale dei fatti nel tempo di un veloce scroll, al mosaico di tante ma omologate informazioni in cui ogni tessera finisce per avere lo stesso colore delle altre, è difficile riuscire a distinguersi e ottenere risultati nell'immediato. La concorrenza con noi stessi diventa sempre più agguerrita e il riconoscimento vero, l'unico che può regalarci una reale soddisfazione, rimane, ancora una volta, quello personale.

"Mi puoi dare anche mille cose bellissime, ma se quelle cose non corrispondono all'aspettativa personale di soddisfazione, per me non contano niente" mi dice.

Soltanto io posso sapere quanto valgo e quanto vale il mio impegno, soltanto io conosco intimamente quale scalino del podio merito. Verissimo.

Nel raggiungimento di questo invidiabile traguardo interiore Elisabetta Belloni sente di dovere molto a suo marito, l'ambasciatore Giorgio Giacomelli scomparso nel 2017. Personaggio eclettico e brillante, grande amante delle scienze naturali. Un uomo originale e spericolato tanto da ricevere la medaglia d'argento al valor civile perché si era lanciato da un aereo per salvare alcuni italiani nel Congo durante la rivoluzione nel Katanga. Era uno studioso di filosofie orientali che credeva nello sguardo distaccato sulle cose, con lui Elisabetta ha rafforzato negli anni la convinzione di dover puntare esclusivamente al nocciolo di senso, quello che si trova sotto infiniti strati di paura, pigrizia, pregiudizio e ignoranza.

Per molto tempo ha praticato lo yoga, attraverso il quale ha raggiunto un aplomb talmente incredibile dall'essere quasi paragonabile a una forma di ascetismo. Ai miei occhi che continuamente fotografano sensazioni e impeti in perenne contraddizione, che mi seguono rassegnati nell'estenuante e fisiologica lotta tra me e me, l'immagine di questa donna lucida, sobria e così brillante che riesce a porsi al di fuori delle cose senza mai risultare distaccata, senza sacrificare l'empatia e la solidarietà sull'altare della professionalità dei suoi tanti ruoli, questa donna seduta inaspettatamente davanti a me, mi suscita una grande ammirazione e una impellente necessità di emulazione a cui non voglio rinunciare.

La sua capacità di conciliare soprattutto nelle crisi pacatezza e fermezza, riflessione e azione è stata ciò che l'ha distinta da subito, da sempre.

"Soltanto attraverso la conoscenza approfondita delle cause si può capire come risolvere un'emergenza. Prima di gestire una crisi, bisogna fermarsi. Potrebbe sembrare assurdo, ma l'urgenza impone che ci si prenda una pausa per riflettere".

Elisabetta Belloni ricorda con affetto le telefonate che in quegli anni riceveva da Francesco Cossiga, che le era molto affezionato. Era un estimatore del suo atteggiamento estremamente conciliante: "Il tuo volto era pallido e stanco, eppure ci hai tranquillizzato tutti" le diceva dopo averne ascoltato le parole in televisione.

Non aveva colpito evidentemente solo me all'inizio della mia carriera la sua rarissima capacità di trasmettere il potere stabilizzante delle istituzioni, soprattutto nella gestione dei momenti complicati.

Questo modo di porsi riflette a pieno l'enorme rispetto che Elisabetta Belloni nutre nel confronto delle istituzioni. È convinta che la democrazia presupponga uno Stato forte, apparati, servitori e funzionari competenti. È per questo che considera un grande errore storico aver indebolito il settore pubblico, la dirigenza e la formazione della dirigenza, che costituiscono il cuore pulsante di un Paese democratico.

Nella sua carriera si è dimostrata all'altezza di questa vocazione, non si è mai sottratta al suo dovere, non ha mai perso il controllo, risparmiato un sorriso gentile, seminato il panico. Mai.

"Sono sempre stata così, anche nel privato, è una questione di carattere".

E del suo carattere, o meglio del suo DNA, fa parte anche la necessità di dormire sette ore a notte. È stata spesso presa in giro dalle colleghe e dai colleghi della Farnesina per la sua capacità di dormire anche a comando, ovunque e comunque: non ha mai avuto bisogno di prendere un sonnifero e apre gli occhi esclusivamente quando suona la sveglia.

Durante i voli di lavoro, per esempio, è in grado di sincronizzare perfettamente il suo sonno con decollo e atterraggio. Occhi chiusi appena l'aereo decolla, aperti appena tocca il suolo. E pronti, partenza, via.

"Mi ricordo che c'era la guerra in Libano, nel 2006. Eravamo su un aereo con D'Alema e i miei colleghi per essere gentili mi lasciarono il posto davanti al Ministro. Appena seduta mi addormentai e mi svegliai soltanto quando sentii che stavamo atterrando. D'Alema era già in piedi con un cuscino in mano e mi disse 'Vede, glielo volevo mettere sotto la testa che penzolava, ma avevo paura di svegliarla'".

Nel 2008 Elisabetta Belloni diventa Direttore generale per la Cooperazione allo Sviluppo e nel 2013 viene nominata Direttore generale per le Risorse e l'Innovazione, in maniera del tutto inaspettata. Era nell'aria, infatti, il suo passaggio alla Direzione della mondializzazione e le questioni globali e invece quel posto venne assegnato a un'altra persona e lei fu chiamata a gestire il personale, competenza che fino ad allora le era del tutto estranea. Eppure, quel ruolo le ha permesso non soltanto di fare varie riforme del ministero, ma le ha anche dato modo di apprendere conoscenze indispensabili per fare bene quello che fa oggi. Questa è quella che lei definisce una delusione e non una caduta.

Non nasconde di aver vissuto momenti difficili, di aver sbagliato alcune cose, di aver rinunciato ad altre, di avere rimpianti e rimorsi, come tutti. Ma non si è mai sentita caduta e non per presunzione, ma per il suo modo di vedere la vita. Mi cita *Il racconto di un pellegrino* di Sant'Ignazio di Loyola: quando fallisci cadi necessariamente da quell'esperienza, ma è un'esperienza di cui non puoi fare a meno, ci devi passare perché quello è un momento di apprendimento. La caduta, dunque, è un passaggio obbligato per giungere alla prossima tappa di vita.

E infatti Elisabetta Belloni nel 2014 viene promossa Ambasciatore di grado, nel 2015 assume l'incarico di Capo di Gabinetto del Ministro degli Affari Esteri e della Cooperazione Internazionale. Nel 2016 diventa Segretario Generale della Farnesina e nel 2021 il Presidente del Consiglio Mario Draghi la nomina Direttore generale del DIS - il Sistema di informazione per la sicurezza della Repubblica. Tutte posizioni di vertice e delicatissime. Tutto quello che meritava e che le è stato riconosciuto non come premio, ma come frutto della sua competenza e del suo impegno. Un impegno totalizzante, full time, che ha fatto coincidere quasi completamente la sua vita col suo lavoro, con la sua missione. E come chi vive sa, tutto ha un prezzo.

"Credo sia molto importante far presente a chi decide di investire studio ed energie sulla carriera che le rinunce fanno parte del percorso. Bisogna avere il coraggio di mettere sulla bilancia il peso della rinuncia con la volontà di perseguire un obiettivo professionale e decidere di conseguenza".

Elisabetta Belloni ha il cellulare acceso ventiquattr'ore su ventiquattro, anche il sabato, la domenica e durante i giorni di festa. Sorride: "Mi ricordo di quando lavoravo all'Unità di crisi e mio marito venne in ufficio a portarmi del *foie gras*, così che potessi festeggiare il capodanno anche io". Non va a fare shopping, ha una sarta in campagna che le confeziona tailleur sulla base di un unico modello. Non va dal parrucchiere, fa da sola la tinta e la piega a casa. Chi lo avrebbe mai detto? Nel pieno di una crisi sembrava sempre appena uscita dal parrucchiere!

Il prezzo più caro che oggi si sente di aver pagato è di aver rinunciato a tanti momenti con la sua famiglia. Adesso che suo marito non c'è più a volte le capita di pensare a un viaggio non fatto, a un weekend saltato.

Ma la sua è stata una scelta professionale ben precisa, che non le ha mai concesso la possibilità di poter staccare il telefono o rispondere "sono fuori in gita" al Presidente del Consiglio in un sabato mattina di sole. Quando c'è stato lo tsunami per due settimane di fila non si è mai allontanata dall'ufficio, ha fatto mettere un letto vicino alla scrivania per potersi concedere le sue vitali ore di riposo. E a distanza di 20 anni quasi, ascoltandola, risolvo finalmente i miei tormenti di allora: ma come è possibile che, pur essendo piantata dalla mattina alla sera davanti alla Sfera di Pomodoro per raccontare in diretta a Skytg24 l'evoluzione di una crisi, non riuscissi mai a beccare sul Piazzale del Ministero degli Esteri l'auto che riportava a casa Elisabetta Belloni?

Lavoro totalizzante, dunque, che richiede però la capacità di saper staccare, se necessario, per rimanere lucidi. La sua isola felice è tra le colline toscane, è la sua casa di campagna. È lì che si ritira quando può nel fine settimana per dedicarsi al suo orto, ai suoi pomodori. Ha tre cani che dormono nella sua stanza, due lupi e un border collie. Qui si rilassa cucinando indiano, giapponese, italiano, cibi che le ricordano tutti i luoghi del mondo che ha visitato, annusato, ascoltato, assaggiato.

Questo è ciò che oggi la rende serena.

Non crede che la felicità sia dell'essere umano, è una

parola troppo complicata, una parola che esprime più che altro un obiettivo, una voglia di essere, ma non la possibilità di una condizione reale. Come scriveva Leonardo Sciascia "Nessuno è felice. Tranne i prosperosi imbecilli". Le difficoltà sono intrinseche alla vita umana, per qualcuno provengono dalle delusioni affettive, dalla perdita delle persone che amiamo, per altri dalla mancanza di un lavoro, dalla frustrazione di un lavoro che non ci corrisponde o dalle rinunce per il tempo dedicato al lavoro dei nostri sogni. Insomma, c'è sempre un prezzo da pagare che mina il senso assoluto di felicità. Ed Elisabetta Belloni lo sa bene, come tutti. Pronta proprio per questo a preservare i suoi momenti di serenità, di allontanamento dalla quotidianità, attraverso un esercizio di distacco, dedicandosi ad altro, per ridare al suo sguardo la giusta direzione. E alleggerirsi persino dalla domanda della madre, che alla veneranda età di cento anni continuava a chiederle con sospetto: "Sei sicura che puoi prenderti un giorno di vacanza? Hai chiesto al tuo capo?"

Peccato che il capo fosse proprio Elisabetta.

Mentre saluto l'ambasciatrice Belloni, ringraziandola per la bella chiacchierata e per lo scambio sincero tra donne, accolgo ancora una volta il suo sorriso e le domando se una donna così saggia abbia paura di qualcosa: "Mi fa paura la vecchiaia, il venir meno delle capacità fisiche e mentali. Perdere la mente. O meglio, quella via di mezzo in cui ti rendi conto di averla persa".

Condivido appieno il terrore dell'incontrollabile, l'inevitabilità del tempo che scorre sul corpo sotto lo sguardo di un pensiero impotente. Sto per perdere il treno, ma mi trattengo ancora un attimo, per condividere con lei un universo di pensieri e una citazione del suo amato Sant'Ignazio di Loyola: "Agisci come se tutto dipendesse da te, sapendo poi che in realtà tutto dipende da Dio".

Treno perso, per la cronaca. Ma prima di un vagone su cui salire in tempo c'è sempre un taccuino su cui scrivere le cose che non si vogliono perdere, il gusto di correre dietro alla vita e la passione di fermarla in un racconto, sempre.

Tania Cagnotto

Ho fatto il mio primo tuffo a tre anni.
Mi trovavo al Centro di Preparazione Olimpica
Acqua Acetosa a Roma,
mio padre in quel periodo faceva l'allenatore.
Per guardare i pesciolini rossi
sono finita a testa in giù nel laghetto.
E sono tornata a galla sorridendo.

2
Dentro a un sogno in punta di piedi

Tania Cagnotto è la tuffatrice italiana più famosa di tutti i tempi, l'unica tuffatrice del nostro Paese ad aver vinto una medaglia d'oro mondiale e la tuffatrice europea con il maggior numero di podi in carriera.

Non sta per tuffarsi, ma i piedi sono sempre pronti. Sempre in posizione. Sembrano quelli di una ballerina, a guardarli: la punta come ficcata nel pavimento, il dorso a mezza luna e il muscolo del polpaccio in tensione. Sono i piedi arcuati ed eleganti della prima donna italiana ad aver conquistato una medaglia italiana nei tuffi.

L'acqua è il primo elemento con il quale entriamo in contatto, il liquido amniotico ne è composto al novantasette per cento. Ci nuotiamo dentro per nove mesi, prima di nascere. Nell'acqua sperimentiamo per la prima volta il significato profondo e assoluto di accoglienza, di famiglia. Nell'acqua siamo a casa. E per lei è più vero che mai.

Tania Cagnotto è la tuffatrice italiana più famosa di tutti i tempi, l'unica tuffatrice italiana ad aver vinto una medaglia d'oro mondiale e la tuffatrice europea con il maggior numero di podi in carriera. Al suo carisma e alle sue vittorie va il merito di aver ridato lustro e dignità alla categoria femminile di uno sport che prima delle sue eroiche imprese non aveva mai avuto grande visibilità, uno sport spesso dimenticato, tenuto all'ombra di specialità più rumorose, con giri d'affari più complessi e con più appeal mediatico.

Nel 2017 Tania ha però sciolto la sua treccia, quella che per anni abbiamo accarezzato insieme a lei a ogni gara, e ha deciso di ritirarsi a vita privata con suo marito Stefano e con le sue due figlie: Maya, nata nel 2018, e la piccola Lisa, nata nel 2021.

È proprio lei che si sveglia mentre stiamo chiacchierando e io ne approfitto per abbandonarmi all'assaggio di un'irresistibile e golosa porzione di strudel di mele, cento per cento altoatesino.

Non mi ero sbagliata, la dolcezza qui è di casa.

L'aura genuina è il tratto distintivo di Tania, ciò che l'ha resa amabile mito, esempio a cui ambire, idolo delle giovani donne. Le sue schiette lacrime, i suoi sorrisi estemporanei, le sue dichiarazioni mai affettate, mai eccessive, hanno negli anni fidelizzato un pubblico di appassionati e non, di seguaci di tutte le età. Milioni di telespettatori si sono affezionati alle sue imprese, hanno rovesciato i pop-corn sul pavimento per esultare alle olimpiadi di Rio; hanno dimenticato di portare il cane fuori, impegnati com'erano a tenere a bada le palpitazioni ai mondiali di Barcellona; si sono svegliati con gli occhi gonfi, all'indomani della disfatta di Londra.

La proverbiale naturalezza di Tania, immune ai fasti di una carriera unica nel suo genere, l'ha resa emblema indiscusso del simbolico ossimoro "campionessa della porta accanto" e deve sicuramente tanto all'ambiente nel quale è cresciuta: al sostegno della sua adorata Bolzano, alla presenza costante degli amici d'infanzia che sono anche gli amici di oggi, agli insegnamenti e all'esempio, fuori e dentro la piscina, dei suoi genitori: Giorgio Cagnotto, acclamato tuffatore due volte medaglia d'argento alle Olimpiadi (che mentre noi chiacchieriamo amabilmente fa il baby sitter della nipotina, spiaggiato sul pavimento della cameretta) e Carmen Casteiner, otto volte campionessa dalla piattaforma.

È con sua madre che Tania, classe 1985, comincia ad allenarsi ancora bambina quando i suoi, in quel periodo allenatori, la portano in piscina ad assistere alle loro lezioni. A sei anni si cimenta nello sci, nel tennis e nel balletto ma a guardarla saltare dal trampolino, nessuno ha dubbi: Tania è nata per tuffarsi, il suo talento è indiscutibile, il suo divertimento e la sua passione incontestabili. A sette anni affronta le prime competizioni, allenata ufficialmente dal padre, a tredici abbandona le fantasie infantili di diventare veterinaria e fioraia, con in testa un solo obiettivo: partecipare alle olimpiadi del 2000.

Inarrestabile e ben determinata raggiunge il suo traguardo: a soli 15 anni si classifica come atleta più giovane alle Olimpiadi di Sydney, ma è agli Europei di Berlino del 2002 che vince la prima medaglia d'argento da Senior e ottiene il bronzo in coppia con Maria Marconi.

I suoi primi Europei li ricorda con particolare emozione soprattutto per un motivo: "I miei non mi avevano mai raccontato delle imprese di mio padre. Sapevo che era un tuffatore ma quando sono nata era già allenatore, non gareggiava più. Insomma, sono a Berlino, a 17 anni, una tuffatrice dell'Ucraina mi dice 'quanto sei fortunata ad essere allenata da Giorgio Cagnotto'. Alzo le sopracciglia perplessa. 'Ma hai idea di chi sia tuo padre?' incalza lei. 'Lo sai che ha partecipato a cinque Olimpiadi e conquistato quattro medaglie olimpiche? Tuo padre è un mito, ha fatto la storia dello sport'. Sono cascata dalle nuvole".

Per fortuna non dal trampolino.

Quanto amore e quanta premura in questo gesto. Il tentativo di due genitori, consapevoli e lungimiranti, di proteggere il sogno di una figlia dal peso schiacciante dell'essere figlia d'arte. Cancellare l'illustre passato pur di non frenare il futuro, di gettare sulle spalle di una bambina la responsabilità di essere all'altezza di vite e desideri altrui. Hanno svuotato gli spalti, spento gli amplificatori, piegato gli asciugamani e l'hanno vista, nascosti negli spogliatoi, tuffarsi da quel trampolino libera, sicura e leggera. Questo atto di dedizione genitoriale ha conquistato il suo applauso più lungo quando Tania Cagnotto ha dismesso il costume di "figlia di" e Giorgio Cagnotto è diventato, colmo d'orgoglio, il "papà di".

"Mio padre è stato un grande allenatore, a volte litigavamo come è ovvio ma in gara avevamo un feeling irreplicabile e soltanto lui riusciva a darmi la massima tranquillità durante le competizioni. È sempre stato un po' più papà, devo dire, perché si preoccupava ad esempio quando ero molto stanca e mi è toccato più di una volta insistere per continuare gli allenamenti oltre lo sfinimento".

Per Tania lo sport è sacrificio, costanza, allenamento, perseveranza e nella carriera non ha mai smesso di onorare questo credo, conseguendo, ancora giovanissima, risultati eccellenti: oro a Stoccolma in Coppa Europa, oro e bronzo agli Europei di Madrid 2004, bronzo ai Mondiali di Montreal 2005, prima medaglia mondiale vinta da una tuffatrice italiana.

Anche malata, influenzata, raffreddata, con la febbre alta, si è allenata, ha gareggiato, ha tenuto fede al patto stretto con se stessa, con i genitori, il pubblico, l'Italia intera. Inseguire fermamente il suo sogno le ha permesso di raggiungerlo e oltrepassarlo. Lavorando duramente è giunta in punta di piedi al di qua del trampolino dove c'era il tifo di tutti ad attenderla, il sostegno collettivo che l'ha consacrata per sempre ambasciatrice delle aspirazioni e delle speranze di tanti giovani donne, sportive, appassionate, ambiziose.

"Sono sempre uscita dalla piscina soddisfatta. La mia più grande paura era arrivare alla competizione con il rimpianto di non essermi allenata abbastanza. Per me era fondamentale, anche più della vittoria, sapere di aver fatto il possibile, di aver dato il massimo. Per anni ho pranzato e cenato con i piedi a punta, come quelli di una ballerina, perché puoi fare un tuffo perfetto ma se hai i piedi messi male invece di un dieci puoi prendere un nove o addirittura un otto, perché il piede deve essere preciso, rigoroso, elegante. Nessun dettaglio va lasciato al caso".

Il tuffo è un insieme di tasselli piccolissimi, da unire giorno dopo giorno, allenamento dopo allenamento: c'è la rincorsa, la partenza, gli ultimi due passi e l'entrata in acqua, che non è solo l'ultimo pezzo, ma è magicamente l'impressione finale che si stampa nella mente dei giudici. Per imparare il tuffo perfetto ci vogliono anni e per riuscire a eseguire bene cinque tuffi, necessari per una gara, occorrono dieci, anche quindici anni di preparazione. Costruirli al meglio e nella sequenza giusta è una combinazione più unica che rara, che soltanto i migliori, come Tania, riescono a replicare.

Ma normalmente nello sport si perde più che vincere. È quindi paradossalmente necessario allenarsi innanzitutto a convivere con il fallimento. Ho trovato sorprendente la metaforica necessità dei tuffatori di imparare a cadere. Si esercitano a sedere sul trampolino e lasciarsi andare nel vuoto prima di atterrare in acqua. Si allenano solo su quello per ore. La destrezza nel cadere aiuta a evitare il pericolo e se non è possibile evitarlo almeno a contenerlo. Imparare a saper cadere significa scongiurare di farsi troppo male, da qualunque trampolino che si incontra nella vita.

Per assecondare la sua sconfinata volontà di imparare, nel 2005 Tania si iscrive all'Università di Houston a Scienze della Nutrizione. Lo fa per potersi allenare con la direttrice tecnica che ha formato il suo grande idolo Julia Pakhalina. Ha quasi vent'anni, parla appena l'inglese, si ritrova in una casa senza mobili da condividere con due atlete russe alle prese con i loro impegni. Alla fine del primo anno Tania capisce che nonostante l'esperienza le stia regalando qualcosa di unico, c'è qualcos'altro che non procede come dovrebbe: nei tuffi sta peggiorando e intravede le prime avvisaglie di uno stress psico-fisico. Destreggiarsi tra lezioni al college, gare nei weekend, aerei da cui salire e scendere in continuazione non le regala la tranquillità necessaria per affrontare le competizioni importanti. Saluta la sua allenatrice e le sue coinquiline e s'imbarca su un aereo, questa volta diretto a casa.

Atterra giusto in tempo per gli Europei di Budapest 2006, a cui seguono i mondiali di Melbourne 2007 e i Campionati europei di nuoto di Eindhoven 2008 in cui Tania conquista la medaglia d'oro nell'individuale e il bronzo nel sincro dalla piattaforma, in coppia con Noemi Batki.

Tania si conferma un fenomeno, anche i più scettici devono arrendersi. D'altronde i tuffatori non mentono mai: per loro non esistono scorciatoie, non c'è finzione che tenga. Anche chi prova a doparsi per gli allenamenti sarà costretto, in gara, a fare i conti con se stesso e con il lavoro svolto: se durante la competizione non si ha la concentrazione giusta e i nervi ben saldi, il tuffo non può essere truccato. Ci si ritroverà con un pugno di mosche e molluschi, perché la forza fisica in questo sport è importante quanto o forse addirittura meno della testa.

"È esattamente così" interviene Giorgio, il papà di Tania Cagnotto, in una breve pausa dal suo nuovo lavoro part time di baby sitter: "Ho allenato tanti sportivi bravi e talentuosi a cui però mancava la testa, la ferrea volontà. Non erano sufficientemente innamorati di quello che facevano e questo non gli ha permesso di raggiungere grandi risultati. La bellezza dello sport per me risiede proprio nel rispetto delle regole e nella meritocrazia, il più bravo o la più brava prima o poi emergono". Appunto da segnare in rosso nel block notes della vita.

Tania ha sempre avuto fin da bambina la caparbietà necessaria, quella marcia in più che Giorgio ha riscontrato essere, nella sua carriera da allenatore, una caratteristica più femminile che maschile. Un'ancestrale attitudine a spingersi fino al limite, a porsi sfide sempre più impegnative, a tollerare con naturale *savoir-faire* la fatica, il dolore, lo stress.

Giorgio Cagnotto di talenti, eccellenze e promesse mancate in acqua ne ha viste parecchie. Ha avuto infatti l'opportunità di vivere appieno due ere diverse dello sport: quello degli anni '70, quando il costume per le olimpiadi glielo cuciva sua zia, quando, all'estero per le gare, per aggiornare sua madre, le scriveva delle lunghe lettere. E quella da allenatore di sua figlia Tania, alle prese con contratti, sponsor, firme e videochiamate.

È con lei anche quando dopo le Olimpiadi di Pechino 2008 Tania sceglie di abbandonare la piattaforma e dedicarsi al trampolino, tuffandosi nel sodalizio fortunato che la accompagnerà fino alla fine della sua carriera: quello con la compagna di nazionale Francesca Dallapè.

"Ho sempre cercato di coltivare le amicizie dell'infanzia e in questo sono stata fortunata perché di solito gli atleti per allenarsi devono trasferirsi in una o più città lontane, io invece mi sono sempre potuta allenare a Bolzano, dove c'era la mia casa e dove avevo la mia famiglia accanto. L'unica persona dell'ambiente sportivo che è diventata una confidente, un'amica, una sorella è Francesca".

Con lei al fianco, sospesa nell'aria con le dita a un passo dal cielo, nel 2009, durante i primi Europei di Torino dedicati esclusivamente alla disciplina dei tuffi Tania conquista ben tre medaglie d'oro. Da allora accumula una vittoria dietro l'altra: ai Mondiali di Roma un bronzo e un argento, due ori agli Europei di nuoto di Budapest 2010, due ori e un bronzo ai Campionati europei di tuffi di Torino 2011. Al Mondiale di Shanghai 2011, a causa di un infortunio al polso causato da un incidente sul motorino, non riesce a gareggiare al massimo delle sue forze ma conquista ugualmente una medaglia di bronzo e il pass per le Olimpiadi di Londra 2012. Ecco, Londra: il crocevia.

Quando Tania parla di Londra, la sua voce morbida e dalle consonanti dolci si vela d'improvviso. Nella vita, sovente capita di imbatterci in eventi che anche se superati, elaborati, riscattati dal tempo e dalla consapevolezza, rimangono buchi neri pronti a inghiottirci ogni qual volta il nostro pensiero ci ritorna. Sono gli accadimenti legati ai dolori accecanti, alle delusioni inaspettate, a frazioni di secondo che hanno cambiato per sempre il modo di sentire. Sono gli spartiacque del nostro percorso emotivo a cui la ragione senza successo tenta di garantire continuità, coerenza, significato. Tutti ne abbiamo vissuti, abbiamo imparato a collezionarli controvoglia, a spiegarli, a ridimensionarli. Ma è impossibile cancellarli. Ce li ritroviamo senza preavviso al nostro cospetto, qui, lì, cinicamente desiderosi di ritornare a galla e portarci nuovamente a fondo. Succede.

A Londra Tania ha 27 anni, è all'apice della carriera, reduce da medaglie che mai prima altre hanno conquistato, perennemente alle calcagna delle imbattibili tuffatrici cinesi: il mondo dà per scontato che conquisterà senza nessuno sforzo la medaglia di bronzo. Ma succede l'impensabile: per soli venti centesimi di punteggio Tania arriva quarta e rimane fuori dal podio anche nei tre metri sincro con Francesca. Alle Olimpiadi di Londra 2012 ottiene due medaglie di legno, un'amara sconfitta che mai avrebbe immaginato.

"Ero ambasciatrice della Visa e già da tempo era stata organizzata una cena di gala per festeggiare la fine delle Olimpiadi. Era già tutto programmato, erano convinti che avrei preso la medaglia. Invece sono arrivata con due occhi gonfi, esausti per il pianto. L'entrata in sala, gli sguardi puntati su di me, li ricorderò per sempre. Sono state delle giornate emotivamente difficili da gestire, dovevo affrontare le interviste, rivivere e raccontare all'infinito quei momenti. Non lo dimenticherò mai". Ma le campionesse vere sanno fare bene anche questo. E Tania non si sottrae.

Per un anno il ricordo di quella sconfitta lancinante la perseguita durante le gare. Il suo dispiacere diventa il dispiacere di tutti, della famiglia, del team, dei supporter. Sembra addirittura che la città intera di Bolzano sia in lutto: spesso le capita di incontrare estranei per le strade che la stringono in un abbraccio e piangono con lei. Viene ricoperta di dimostrazioni d'affetto che le rivelano la grandezza di ciò che ha costruito negli anni, una profondità ed empatia di emozioni che travalicano il semplice tifo. Non c'entra solo lo sport, ma il modo in cui un atleta lo incarna, lo vive, lo trasmette. Hanno tifato per il suo coraggio, la sua costanza, la sua dedizione, la sua forza, il suo spirito di sacrificio e non ci sono centesimi che tengano.

Ci sono dolori che sentiamo come insostenibili perché lo sono innanzitutto per le persone che amiamo. Soffriamo insomma più per quanto soffrono loro che per quel dolore in sé. Ognuno di noi lo ha provato almeno una volta nella vita, se c'è qualcuno che si ama.

È quello che è successo a Tania, la figlia di Giorgio. Non che il ritorno da Londra sarebbe stata una passeggiata di salute, affatto. Ma è come se l'avesse fatta, quella strada, carica come un mulo, coi piedi a punta. Ecco, forse così dovrebbe essere più chiaro.

"Quando siamo tornati da Londra, eravamo a pezzi" sussurra Giorgio mentre accarezza la piccola Lisa. "Stavo molto male, Tania soffriva per me, io ero dispiaciuto per lei e mia moglie era in pena per tutti e due. A quel punto ho riunito la famiglia e ho invitato tutti a riflettere sul fatto che i giochi olimpici si chiamano così perché si va lì a giocare. È un gioco importante ovviamente, ma rimane un gioco. Le vere disgrazie nella vita sono altre. Credo che le emozioni abbiano eguale dignità, positive o negative non fa la differenza, noi non possiamo far altro che accettarle e viverle. Londra rimarrà per sempre un ricordo essenziale, necessario e inevitabile".

Vera campionessa è chi non sa soltanto vincere, ma chi sa reagire e trasformare la sconfitta in ripartenza. Tania accoglie le parole di suo padre e capisce che ha due possibilità: continuare a piangersi addosso, prendersela con i giudici e contestare il voto, oppure dare la colpa al destino perché, diciamocelo, perdere per venti centesimi è solo una grande sfortuna.

Fa di quell'episodio il trampolino del suo futuro: con suo padre decide che è giunto il momento di avere un aiuto esterno e nel team arriva Oscar Bertone, che per due settimane al mese affianca Giorgio e Tania negli allenamenti, portando così una ventata di nuova energia, un confronto a tre che darà nuovi stimoli alla squadra, preparandola ai quattro anni più entusiasmanti e di successo della vita dei Cagnotto.

Tania riparte dai Mondiali di Barcellona 2013 in cui ottiene due medaglie d'argento, passando per i Campionati europei di nuoto di Berlino 2014 con due ori e un argento fino ai Campionati europei di tuffi a Rostock 2015 dove vince ben tre ori di cui uno con Francesca Dallapè, che consacra il mitico duo come la coppia di tuffi più longeva e vincente di sempre.

Raggiunge risultati strabilianti, colleziona medaglie senza tregua, è inarrestabile. Tania è diventata ormai una sportiva matura, consapevole, sicura di sé. Come le ha insegnato suo padre, la vera vittoria non è necessariamente la medaglia d'oro ma il raggiungimento dell'obiettivo prefissato. D'altronde lo sanno tutti: le tuffatrici cinesi sono praticamente impossibili da battere, quindi arrivare terza per Tania significa vincere. Le sportive della Cina sono da sempre fortissime, la loro formazione atletica inizia infatti quando sono molto piccole: gli acerbi talenti si allenano minimo otto ore al giorno tutti i giorni, dedicandosi soltanto a quello e alla scuola.

Ma per Tania Cagnotto niente è impossibile e lascia nuovamente tutti a bocca aperta quando abbatte anche questo record e al di là di ogni aspettativa, ai campionati mondiali di nuoto di Kazan 2015, sconfigge le temute rivali cinesi conquistando il suo primo oro mondiale. Grande!

Ormai ha ottenuto tutto ciò che era nelle sue possibilità e anche oltre. Così dopo le Olimpiadi di Rio 2016 in cui conquista un bronzo e un argento e i Campionati di tuffi Torino 2017, in cui guadagna un altro oro, annuncia il suo ritiro. E anche la schiettezza con cui mi racconta il perché è da campionessa.

"Sarei bugiarda se dicessi che la notorietà non mi piace ma ho sempre tenuto molto alla mia vita di relazioni personali. Il tuffo dura due secondi ma in quei due secondi ci sono ore e anni di allenamento. Impossibile descrivere l'energia e la felicità che ti danno le vittorie ma la vita di uno sportivo è anche molto frustrante perché in un attimo, sbagliando un passo, inclinando troppo la punta di un piede o appoggiando male una gamba, butti via anni di sacrificio e lavoro. Di salire e girare all'impazzata di continuo su questa giostra emotiva non ne potevo più. Fisicamente avrei potuto continuare, ma la mia testa era colma e il mio cuore affaticato. Non volevo più avere la sensazione della morsa allo stomaco appena sveglia, la nausea da ansia, le gambe tremolanti. Volevo semplicemente una vita tranquilla".

Questo sali e scendi di sensazioni è d'altronde necessario per raggiungere la giusta concentrazione e partecipare alle gare. È un elemento indispensabile per innescare i meccanismi psicofisici che conducono lo sportivo a dare il massimo nelle prestazioni. Tania ha lavorato a lungo sulla travagliata gestione dell'ansia, con la sua psicologa, una giudice di pattinaggio ed ex tuffatrice. È stata lei che l'ha aiutata negli anni ad accettare la consapevolezza che il carico emotivo del pre gara è la gara stessa, senza ansia non c'è adrenalina e senza adrenalina non si può provare a vincere. E Tania lo ha capito a spese sue.

A nulla era servito che papà Giorgio le raccontasse come funzionava per lui quando gareggiava e quanto a lui piacesse persino quella palpitazione quasi incontenibile prima di provare a vincere.

"Se chiedi a me cosa mi manca di più del periodo in cui gareggiavo — dice Giorgio — rispondo senza dubbio il pre-gara, la mezz'ora prima in cui soffri e hai l'adrenalina al massimo perché stai per entrare nell'arena. La paura nello sport è quotidiana. Cadi male una volta e poi convivi con la paura che possa succedere di nuovo. Hai paura di sbagliare, di perdere il contatto con la realtà, di ritrovarti in una montagna d'acqua e non sapere il perché.

Da allenatore però posso dire che è uno spettacolo osservare come si comportano gli atleti durante le pause tra un tuffo e l'altro: c'è chi legge, chi ascolta musica, chi balla. Tania controllava l'andamento della gara, si sistemava la treccia e io le dicevo 'tu fai questo sport non solo per eseguire il tuffo, devi goderti tutto, vedere cosa fa l'avversario, cosa succede negli spalti. Anche se nel mentre stai male, in futuro ricorderai ogni frazione di secondo di quegli istanti' ".

In realtà, nel 2019, c'è stato un attimo in cui Tania è ritornata sui suoi passi e sul suo trampolino: quando l'amica e compagna di tuffi Francesca Dallapè le chiede, in un momento personale molto particolare, di gareggiare insieme e tentare le qualificazioni per le Olimpiadi di Tokyo 2020. Tania sa bene che per Francesca quello rappresenta l'atto simbolico del suo ritorno alla vita e accetta, anche se dilaniata dai sensi di colpa verso la sua prima figlia nata da poco. Le Olimpiadi vengono rimandate al 2021 a causa della pandemia ma nel frattempo Tania ha già dato alla luce la sua secondogenita Lisa e conferma al mondo il suo ritiro definitivo.

Oggi ha 37 anni e ha già immaginato, ottenuto, vinto, sognato, voluto tutto quello che molte persone non riescono neanche solo a pensare in una vita intera. Davanti a lei ha nuove e infinite strade da percorrere ma al momento ha deciso di godersi esclusivamente la sua famiglia, dedicandosi all'educazione delle sue due figlie. E chissà che un giorno non diventi l'allenatrice di una di loro. D'altronde Maya a soli quattro anni ama già nuotare e tuffarsi: "L'ho messa sott'acqua subito, a quattro mesi, e sembrava a casa. Ora va con la testa sott'acqua nella vasca da bagno, fa le capriole, i tuffi all'indietro. A volte la guardo e penso che forse è veramente una questione di DNA. Probabilmente quello che le ho trasmesso è il rapporto naturale con l'acqua, a non averne paura".

Saluto Tania mentre come un fulmine scompare in bici diretta all'asilo a recuperare Maya. E io mi godo un caffè niente male in una Bolzano accogliente e calda, nonostante i due gradi, in compagnia di mamma e papà Cagnotto. E così completo il quadro, mettendo a posto gli ultimi tasselli: nella vita di una campionessa di tuffi non esiste metro, cronometro, non c'è un traguardo da tagliare con la gamba o con il petto. Ciò che conta è l'esibizione: l'eleganza, il modo di muoversi, di alzarsi, di cadere, di volare, di andare a fondo. Come nella vita.

Elisabetta Franchi

Spesso ho sofferto la fame,
ma ciò che ho patito di più è stato il freddo.
Oggi la mia più grande ricchezza è una casa
in cui posso girare in costume da bagno.
Voglio sentire caldo, dormire al caldo,
avere caldo ovunque, sempre.

3
C'era una volta Betty Doll

Elisabetta Franchi è una stilista italiana partita dal nulla, oggi a capo di un'azienda che ha raggiunto 130 milioni di euro di ricavi nel 2021. È tra le firme più richieste dallo Star System e oggi veste celebrities internazionali del calibro di Angelina Jolie, Jennifer Lopez e Lady Gaga.

Ho intervistato tante persone nella mia carriera, molte delle quali con storie decisamente importanti alle spalle, ma quando per la prima volta ho incrociato lo sguardo di Elisabetta Franchi sono rimasta quasi spiazzata: testa, cuore, gioia, dolore e desiderio di vita a tutti i costi.

Ammiro la stilista di successo, regina dei social con quasi tre milioni di follower, madre fiera di Ginevra e Leone, moglie, due volte amante, due volte profondamente amata. Ma chi mi ha conquistata e anche sconvolta è la donna che c'è dietro. Ferita, sfinita e sfidata dal destino, con il suo viso dolce e spigoloso, il malinconico entusiasmo, l'intatta fragilità della sua fermezza bambina.

La osservo a lungo mentre le parole le fluiscono con grande spontaneità, mentre racconta la sua infanzia e il suo passato, la storia in cui la vita la condanna ripetutamente e in cui lei puntualmente si salva, principessa azzurra e cavallo bianco di se stessa.

Faccio fatica, guardandola oggi nel suo regno, a immaginarla in una fredda casa nella campagna bolognese del 1968 mentre impara, ancora in fasce, il significato della parola mancanza: manca il padre, che non ha mai conosciuto; manca il riscaldamento, in casa si battono perennemente i denti, il camino è spesso spento, la bombola del gas scarica, la luce staccata; manca qualcuno che lavi i piatti, che prepari da mangiare, che si occupi delle sue tre sorelle e del fratello, figli di tre padri diversi. Ma soprattutto, racconta lei oggi, manca una mamma che, suo malgrado, sappia far fronte alle responsabilità del ruolo. È la profonda voragine alla quale Elisabetta cercherà di sfuggire per sempre, tentando, ogni volta, con grande sforzo e un dolore sempre più insostenibile, di non rimanerne inghiottita.

Sono i primi anni '70, quando in Italia appaiono le

radio libere e nasce la televisione a colori. Elisabetta si sveglia ogni mattina alle cinque e con l'incoscienza e la grazia di una Cappuccetto Rosso dai pantaloni a zampa, percorre a piedi sette chilometri di nebbia fino alla fermata dell'autobus per poter andare a scuola. La sera, quando il buio si è già impossessato delle cose, calpesta la stessa strada, con la tremenda consapevolezza che il lupo non si nasconde nei boschi ma la aspetta seduta al tavolo della cucina, con un bicchiere pieno, al di qua della porta di casa e rappresenta l'unico riferimento maschile della sua infanzia. È il compagno della madre, uomo incline a perdere la ragione quando beve. Spesso, di notte, con la mamma, le sorelle e i fratelli è costretta a fuggire per sottrarsi alle purtroppo frequenti vessazioni domestiche.

Elisabetta non ha mai conosciuto il padre biologico, sa solo che era un uomo benestante, autoritario e con dei bellissimi occhi azzurri, l'unica eredità che le ha lasciato. Non ha conosciuto neanche il Franchi che le ha dato il cognome, primo marito della madre, sposa a sedici anni: si è dileguato nel nulla, lasciando la sua giovane moglie a un destino incerto.

È in questo clima di disattenzione e precarietà quotidiana che le istituzioni provano a intervenire più di una volta: assistenti sociali, carabinieri e vicini preoccupati bussano ripetutamente alla porta, ma la madre non lascia entrare nessuno.

Mentre ascolto questo lungo racconto di svogliatezza affettiva, penso che siamo tutti la conseguenza di ciò che siamo stati. Le cellule del nostro corpo si rinnovano completamente ogni sette anni, diventiamo altro, cambia la consistenza dei nostri capelli, il nostro aspetto, la nostra mente, eppure l'essenza di ciò che eravamo non ci abbandona mai, la nostra verità non cessa mai di esistere.

È per questo che ritengo che la crudeltà maggiore di un'educazione corrotta, monca, disastrata, sia consentire che un figlio si convinca di essere responsabile della sua condizione di disagio: il senso di colpa è il danno maggiore che possa subire. C'è soltanto una persona infatti in grado di tracciare l'impalcatura della nostra autostima, di disegnare le quinte della nostra coscienza adulta, ed è l'unica persona degna di credibilità e di fiducia per qualsiasi bambino: il padre o la madre, o magari entrambi.

Il nostro cervello, d'altronde, si forma quando siamo ancora in pancia. Durante un reportage in India sulla nutrizione infantile ho scoperto che se i bambini sono malnutriti durante la gravidanza, il cervello può svilupparsi con delle difficoltà. È per questo che è necessario nutrire bene le mamme che saranno così in grado di essere fonte di nutrimento adeguato dei loro bambini in grembo.

Quando i racconti sono così intimi, così dolorosi, la distanza tra chi racconta e chi ascolta si accorcia improvvisamente. L'ho sperimentato sempre raccogliendo e raccontando il dolore del mondo. E allora anche le domande escono senza troppi veli. E senza troppi veli, spesso, arriva la verità. Si è mai vergognata — le chiedo — del suo "C'era una volta"?

"Quella bambina lì si vergognava tanto, tantissimo" mi dice, e piange. "Non me l'aveva mai chiesto nessuno, mi ha colto di sorpresa, ha smosso qualcosa che era lì da anni".

Non riesce a trattenere le lacrime e io piango con lei.

Si vergognava quando rimaneva davanti al portone di scuola ad aspettare invano che qualcuno arrivasse a prenderla. Si vergognava quando la madre non aveva diecimila lire per mandarla in gita a Roma con i suoi compagni, ma dopo pochi giorni ostentava orgogliosa un seno nuovo di zecca. Si vergognava dell'odore dei suoi vestiti, impregnati della fuliggine del camino, della carbonella accesa nel letto per sentire meno freddo. Si vergognava della sua storia senza nomi, del suo cognome preso a caso.

Si vergognava del suo passato, alla vigilia dell'ingresso ufficiale nel mondo dell'alta moda, un ambiente elitario e molto snob. A un certo punto si è chiesta se fosse il caso di raccontarla, quella verità, o se le avrebbe giovato di più inventare una storia simile a quella degli altri, all'altezza delle passerelle che la attendevano. "Penso di aver scelto la strada giusta, i ragazzi hanno bisogno di sincerità, è un loro diritto, era un mio dovere. Tanti arrivano da situazioni difficili e voglio che imparino a non vergognarsi". Non posso che essere d'accordo con lei, io che ho scelto il lavoro che faccio perché sono fermamente convinta che la verità sia un prezzo alto che vada pagato ogni volta.

La passione per la moda non arriva dall'oggi al domani: già da bambina Elisabetta passa lunghi pomeriggi a giocare con la sua bambola Betty, brutta e mal concia, vestendola con pezzi di stoffa raccattati qua e là: "Con lo spago da cucina creavo la cintura, con la foglia di salvia la parte finale del cordone e lo strofinaccio diventava un pareo". È proprio in suo onore che nel 2015 crea e lancia sul mercato Betty Doll, una bambola di pezza interamente cucita a mano, dai lunghi capelli biondi, che indossa gli abiti più rappresentativi delle collezioni ed è ormai diventata l'oggetto del desiderio di tanti appassionati di moda.

Betty Doll è il simbolo del suo riscatto, della sua storia di impegno e caparbietà. Elisabetta capisce infatti molto presto che il lavoro può emanciparla dalla situazione in cui vive. Ha appena 14 anni quando lascia la scuola per vendere biancheria intima al mercato, alle dipendenze di una famiglia di ambulanti. Alle 4 del mattino parte, monta e smonta la bancarella, che ci sia sole, neve e ghiaccio non importa. Per la prima volta ha a che fare con il pubblico e intuisce di avere un gran talento: le clienti si fidano dei suoi consigli, riesce a farle sentire belle, femminili, valorizzate, le aiuta a ritrovare la sicurezza in se stesse.

Coglie possibilità ovunque. Intorno ai 16 anni impara anche il mestiere di barista presso La Piazzola di Bologna, un enorme mercato delle pulci dedicato all'abbigliamento. È un bar molto conosciuto quello in cui lavora, punto di incontro e di ristoro di venditori e clienti che apre all'alba e chiude la sera. Elisabetta è la più giovane, eppure nel giro di poco le viene dato l'incarico di dirigere gli altri otto dipendenti. È in grado di gestire la leadership senza stress, sa relazionarsi con i diversi tipi di clienti, è un'ottima organizzatrice. Ma il suo obiettivo rimane quello della moda e quando a 18 anni le offrono la possibilità di lavorare in una famosa azienda bolognese di fast fashion non ci pensa un attimo su: "Ecco, mi sono detta, è arrivato il mio momento".

In azienda si ritrova alle dipendenze di una dirigente esperta e tutta d'un pezzo. Per i primi quattro anni non le viene concessa nessuna voce in capitolo: è la commessa dei clienti meno ambiti, aiuta a scaricare la merce dai camion quando fuori è ancora buio. Pura manovalanza. Ma non si sottrae nemmeno per un attimo alla fatica, per lei quella è semplice quotidianità, le sue capacità non passano inosservate e inizia pian piano a conquistare la fiducia della titolare.

Un giorno, durante una riunione, si schiarisce la voce, timidamente trova il coraggio e prende la parola: "Era un mercoledì, lo ricordo ancora. Dissi che secondo me i prodotti in jersey sul mercato stavano funzionando molto bene, che ne avremmo potuti vendere a tonnellate. Proposi tre modelli che avevo in testa da un po', delle mie creazioni originali: una tuta con la staffa, un body con lo scollo a madonna, un body con lo scollo a lupetto. La titolare mi diede ascolto e mandò immediatamente i capi in produzione".

Il lunedì successivo, all'arrivo dei camion, i clienti impazziscono. C'è la ressa per ottenere quanti più capi in jersey, i venditori cercano di accaparrarsi il maggior numero di pezzi. La stessa scena si ripete nei lunedì seguenti. La gente li richiede, li vuole, non vede l'ora di indossarli. Elisabetta si rende conto che qualcosa sta cambiando, che per la prima volta nella vita il vento inizia a girare a suo favore, un vento passato attraverso le crepe del suo passato, che la porterà più in alto e più lontano di quanto possa immaginare.

Da quel momento diventa il braccio destro della titolare, impara tutto ciò che c'è da sapere per mandare avanti un'impresa, dalla parte creativa a quella manageriale, capacità che le permetteranno di riuscire a gestire da sola l'azienda, all'indomani della morte del suo grande amore Sabatino Cennamo.

Quello che mi colpisce subito quando Elisabetta parla di Sabatino è il riferirsi a lui come "mio marito". Nonostante adesso sia felice con un altro uomo, mi commuove pensare che quella prima unione per lei sia rimasta intatta, impassibile alla morte, refrattaria al divenire; che quel sentimento sia ancora così totalizzante da ritenerne scontata e necessaria la declinazione al presente.

Ha soltanto 24 anni Elisabetta quando conosce Sabatino, amministratore delegato dell'azienda in cui lavora. Uomo serioso, più grande di lei di 20 anni, taciturno, a tratti burbero, quasi inavvicinabile, cresciuto nei corridoi del carcere dell'Asinara, di cui il padre è direttore.

La loro struggente storia d'amore prende il via in una serata bolognese, all'uscita di un ristorante: "Stavamo salutando i colleghi, lui mi sorrise. Era la prima volta che glielo vedevo fare. Mi disse 'secondo me tu ci stai dentro il portabagagli della mia Mercedes'. Non me lo feci ripetere due volte, balzai su come un grillo. Ebbe il coraggio di chiudermi dentro e guidare per sei chilometri". Quando Sabatino si ferma e fa uscire Elisabetta dall'auto si ritrovano soli ai piedi dei colli. Una luna indiscreta ne illumina l'imbarazzo. Si concedono un lungo abbraccio senza scampo. Si amano, la notte lo sa, e si ameranno per sempre.

Non esiste però una storia degna di essere sfogliata che non celi nelle sue pagine un discutibile "ma" destinato a diventare maiuscolo di lì a poco. Sabatino è sposato e non ha il coraggio di lasciare la moglie, non vuole spezzarle il cuore, tentenna, sceglie, ci ripensa. Dopo tre anni di incertezza Elisabetta decide di porre fino alla loro relazione e inizia a frequentare Alan, che quasi vent'anni dopo diventerà il suo grande amore.

Eppure, tutti lo sappiamo bene, insegnare la parola "fine" all'amore romantico, travagliato, che si nutre di desiderio e tormento è impresa assai ardua: "Una mattina ero con Alan a Milano Marittima, Sabatino mi chiamò e mi disse 'sono in autostrada, ho le valigie, ho lasciato tutto, sto arrivando da te'. Avevo il cuore a mille e un uomo che dormiva nel letto a fianco a me. Gli ho detto 'vado giù a comprare le sigarette' e sono sparita. Sono salita sulla mia Uno bianca e in quell'ora di viaggio che mi è sembrata lunga una vita mi è passato il mondo davanti. Non ci frequentavamo da mesi ma non ho avuto nemmeno per un attimo il minimo dubbio. Io l'amavo follemente".

Possono finalmente viversi senza nascondersi, concedersi senza rimorsi, amarsi senza odiarsi e concentrare le loro energie su progetti professionali futuri. Con un investimento iniziale di 50 milioni di lire Sabatino, convinto del grande talento di Elisabetta, nel 1995 le dà l'opportunità di creare il suo primo piccolo atelier con cinque dipendenti e un socio. Nel 1998 Elisabetta decide di puntare più in alto e persuade Sabatino ad aprire insieme una nuova azienda, la Betty Blue S.p.A: "Non avevamo soldi, lui era molto restio, ricordo che ci fu una grossa litigata. Poi con un debito in banca e una casa ipotecata iniziò tutto. Ed è grazie a quella decisione che oggi sono qui".

L'azienda procede a gonfie vele, Sabatino si occupa della parte amministrativa e burocratica, Elisabetta è la mente imprenditoriale e creativa. Nel 2006 acquistano una ditta farmaceutica dismessa, seimila metri quadri nella campagna bolognese destinati a diventare lo spettacolare quartier generale della Maison.

Le opere di ristrutturazione procedono spedite, il brand è in ascesa, gli impegni lavorativi occupano i giorni e anche le notti eppure Sabatino ed Elisabetta non perdono mai la voglia di amarsi, di onorare il loro incontro fortunato, di scegliersi ogni istante, daccapo. Nel 2007 nasce la loro bimba, Ginevra, e decidono di sposarsi dopo sedici anni di vita insieme: "Mi designai un abito in jersey a righe bianche e nero, con una coda e un fiocco. Portavo una collana di perle prestata da mia madre. Ci fu una cerimonia veloce in comune e un pranzo in un ristorante di Milano Marittima con trentacinque invitati. Non ci occorreva altro per essere felici".

Ma forse aveva ragione Lucio Dalla quando cantava "Ah felicità, su quale treno della notte viaggerai. Lo so che passerai ma come sempre in fretta non ti fermi mai". Mi pare di vederla, la felicità, affacciata al finestrino di un vagone d'altri tempi. Non è bella ma può vantare un fascino irresistibile. Mi pare di vedere anche te e me e noi, che per una vita la aspettiamo sulla banchina pericolante di una piccola stazione di provincia, con un cartello in mano, scolorito da giorni di pioggia e di lacrime. Eccola che passa, la felicità.

Dopo una vita passata sulla panchina di una fermata abbandonata, senza arrivi e partenze, Elisabetta spera di aver conquistato, pagando un caro prezzo, il biglietto per salire a bordo. Ma a maggio del 2008, esattamente a un anno dal matrimonio, Sabatino si ammala: "Il dottore mi disse che a mio marito rimanevano sei mesi di vita. Non piansi, rimasi impassibile, non volevo che Sabatino capisse. Gli raccontai che avrebbe dovuto sottoporsi a delle cure e poi operarsi, inventai tutto di sana pianta, fino alla fine. Per non fargli venire nessun dubbio sulla gravità delle sue condizioni di salute non gli chiesi neanche alcuni segreti aziendali necessari. Per esempio quando morì dovetti chiamare il fabbro della guardia di finanza per aprire la cassaforte perché mi ero rifiutata di chiedergli la combinazione".

Il suo ufficio, che non ha mai visto completato, porta ancora oggi, sulla porta, la targhetta con il suo nome.

Quattro giorni prima di morire, un giovedì notte, nella cosiddetta "miglioria della morte" (ovvero l'improvviso e apparente miglioramento delle condizioni di salute che altro non è che un crudele e ingannevole preludio dell'irreparabile), Sabatino chiama Elisabetta nella sua camera, facendole dono di un esclusivo testamento sentimentale all'altezza della loro grande storia d'amore. Parlano fino alle sei del mattino, come se fossero ancora quei due innamorati soli sotto i colli bolognesi. "Mi disse che nella vita avrei avuto di sicuro un grande successo, che lui si reputava un uomo fortunato, che aveva vissuto una vita meravigliosa e che se mai gli fosse successo qualcosa di non preoccuparmi, perché lui sarebbe stato felice di morire accanto a me". Si amano, la morte lo sa, e si ameranno per sempre.

Il 4 dicembre 2008 alle 17.30 Sabatino muore.

A 40 anni Elisabetta si ritrova madre di una bambina di un anno e vedova, con il trasloco dell'azienda sognata a lungo alle porte, un business da mandare avanti da sola e una madre su cui sente di non poter contare. A 40 anni Elisabetta precipita nuovamente all'inferno ma senza la minima intenzione di rimanerci a lungo.

Ha appena seppellito suo marito ma è già pronta, col buio nel cuore, il giorno dopo stesso, a riprendere le redini dell'azienda: si occupa del passaggio alla nuova sede senza mai tentennare, e per ogni verbo coniugato al singolare una fitta le trafigge il cuore. Ma non ha tempo per leccarsi le ferite, va avanti, senza versare una lacrima. Capisce presto che non può fare affidamento su nessuno, che adesso è completamente sola.

È da sua madre che, ancora una volta, arriva la delusione più grande. Elisabetta sente di essersi messa alle spalle tutto quanto ha patito nella sua infanzia: le esigenze di una figlia ignorate, uomini opportunisti, scelte di vita sbagliate. L'ha sostenuta, le ha costruito una dependance all'interno della sua villa, l'ha sollevata dalla preoccupazione di arrivare a fine mese ma soprattutto ha riprovato ad amarla, come se fosse la prima volta, come se non fosse mai successo nulla.

Quando Sabatino muore Elisabetta non ha scelta, deve dedicarsi al lavoro e con sua figlia farsi aiutare dalla madre. Col passare del tempo però si accorge che qualcosa non va, che la situazione le sta sfuggendo di mano e che, forse, ora rischia di perdere anche l'affetto di sua figlia, sempre più vicina alla madre e non a lei, mentre ha già perso il suo cuore, in frantumi dopo la morte di Sabatino.

Come un fulmine a ciel sereno, Elisabetta viene convocata per rendere conto delle sue mancanze, delle sue assenze, della lontananza da casa e dalla figlia. E anche in questo caso la madre non è al suo fianco.

"Pensavo di aver imparato tutto sul dolore, ma mi sbagliavo. Mi sono ritrovata ancora più sola e con l'urgenza di dovermi difendere in un momento di massima fragilità anche dalla mia famiglia, con l'incubo di essere risucchiata in quel mondo di miseria e degrado che un tempo era il mio mondo e dal quale con grande sforzo e sacrificio sono scappata".

Elisabetta non sente più la madre, da allora. Non risponde ai suoi messaggi, non le ha mai fatto conoscere nemmeno suo figlio Leone, nato dal suo compagno Alan. Eppure, nella sua casa da mille e una notte, tra quadri d'autore e oggetti ricercati, la cosa a cui tiene di più è un vecchio pupazzo, un piccolo orsacchiotto a cui è dedicato un posto d'onore: "Avevo cinque anni e mezzo quando l'ho ricevuto, forse l'unico regalo di mia madre, me l'aveva portato una volta che ero a casa con la febbre, credo che in realtà l'avesse comprato il suo compagno dell'epoca. Lo conservo con grande cura. Una volta il domestico stava pulendo le mensole e gli è caduto, i miei cani, a cui permetto di fare qualsiasi cosa, hanno iniziato a giocarci e sono impazzita. Non l'ho mai fatto toccare a nessuno, neanche ai miei figli. Ho 53 anni e quell'orsacchiotto ne ha 48. È ancora immacolato, gli ho solo cucito due bottoni di cuoio al posto degli occhi". Perché dimentichi ciò che ha visto, perché ricordi solo ciò che il cuore ha desiderato.

A sua figlia Ginevra, innocente testimone di anni travagliati, ha raccontato la versione integrale della storia della sua vita soltanto quando ha compiuto 14 anni. La sua infanzia, sua madre, le figlie di suo marito, la storia d'amore tra lei e il padre. "Siamo andate insieme al cimitero, nell'anniversario della morte di Sabatino, ci siamo sedute sulla panca che ho fatto sistemare davanti alla cappella e ho iniziato a raccontare. Siamo rimaste lì per ore a parlare, ho risposto a tutte le domande che per anni non avevano avuto seguito. È stato un momento indimenticabile, difficile ma necessario e liberatorio per entrambe".

Se è riuscita a sopravvivere ancora una volta a questo infinito bagno di sofferenza è anche grazie ad Alan. Amico d'infanzia e fidanzato per un breve periodo, nonostante fosse stato lasciato senza una spiegazione dalla notte al giorno, è ricomparso nella vita di Elisabetta al momento giusto. È stata la carezza silenziosa e sincera di cui aveva bisogno ed è tutt'oggi una presenza indispensabile che corona il suo sogno di bambina di essere circondata, quando torna a casa, dal calore di una semplice famiglia.

È questo per lei, il vero successo. Il resto non le interessa. La mattina entra in azienda e lavora come chiunque altro, si confronta con il suo team a testa bassa, tutta la giornata. La sera torna a casa dai suoi figli, da suo marito, dai suoi cani. La sua grande conquista è una vita fatta di normalità. È più facile incontrarla a 3000 m di altezza, a spasso con gli amici di sempre, vestita di scarponi e cappellacci, piuttosto che nel centro di Cortina a lasciarsi fotografare. Ama il bello, le piacciono i fiori, ha tanti domestici che la aiutano, abitudini e comodità a cui non rinuncia ma non è una spendacciona, dice: "Conosco bene il valore dei soldi, l'ho imparato presto, li spendo per migliorare la qualità della mia vita, non per il mero piacere di spendere e basta".

D'altronde non si può dire che tutto ciò che ha guadagnato non se lo sia sudato da sola e che tutte le albe fredde passate a montare bancarelle e a scaricare camion non siano state ripagate adeguatamente dai traguardi raggiunti: nel 2012 ha lanciato l'omonimo marchio di moda Elisabetta Franchi, eliminando per prima in Italia la pelliccia animale dalla produzione e successivamente anche la piuma d'oca e la lana d'angora. Con più di 130 milioni di euro di ricavi, i suoi capi sono presenti in oltre 1.100 multimarca e 96 boutique da Parigi a Mosca passando per Dubai. Nel 2015 ha calcato il mondo delle passerelle, diventando una tra le firme più richieste da celebrities internazionali come Angelina Jolie, Jennifer Lopez e Lady Gaga.

"La responsabilità è un concetto che mi ha perseguitato sin dalla nascita. Son dovuta diventare subito responsabile per riuscire a sopravvivere. È vero che grazie a questa consapevolezza oggi sono una donna di successo ma ho anche dovuto rinunciare a tanto, alla leggerezza delle cose, alla spensieratezza delle intenzioni, all'incosciente capacità di riuscire a volare sugli eventi della vita, senza il peso di un costante timore".

Quel senso del dovere che non ti dà tregua, quelle domeniche mattine che assomigliano a tutti gli altri giorni. Lo capisco bene, cara Elisabetta, ma non dobbiamo avere paura di sciogliere le nostre ali di cera:

inseguiamo il vento in faccia e senza indugio avviciniamoci al sole. Lasciamo che asciughi i nostri pensieri, che disperda i nostri dolori, che accarezzi i nostri capelli e voliamo, a perdifiato, ovunque e poi daccapo. Senza motivo, solo perché ci va.

Ci scambiamo un ultimo sguardo, io e la Franchi, e mi ritorna alla mente la protagonista del film *Il danno*. Un'indimenticabile Juliette Binoche interpreta una controversa donna che ha patito molto. In un'intensa conversazione con suo fratello, gli confida una verità enorme, che mi è tornata in mente tante volte: "Sai perché le donne che hanno sofferto molto sono pericolose? Perché hanno scoperto che si può sopravvivere al dolore".

Gaia Pigino

*Bisogna sempre tenere a mente che quello che
stiamo facendo non lo facciamo semplicemente
per appagare la nostra curiosità
ma soprattutto per produrre qualcosa che
il resto del mondo sta aspettando.*

4
La scienziata che visse due volte

Gaia Pigino è una scienziata italiana che ha conquistato ben due volte la copertina della prestigiosa rivista scientifica internazionale "Science". È Associate Head del Centro di Biologia Strutturale di Human Technopole, l'istituto di ricerca italiano dove si studiano genomica, neuroscienze, biologia computazionale, biologia strutturale e data science con strumentazioni avanzatissime.

Forse non è un caso che l'avventura di una scienziata inizi proprio da un uovo, la cellula più grande che conosciamo.

L'uovo è quello di una gallina; la scienziata, due volte sulla copertina di "Science" (prestigiosa rivista scientifica internazionale), è Gaia Pigino. Tra l'uovo e la scienziata prima però c'è una spada, ma questa sarebbe stata un'altra storia.

Quella vissuta inizia in una calda estate toscana sulle spiagge di Castiglion della Pescaia dove i suoi genitori, ancora adolescenti, si incontrano, si scelgono e si innamorano. Lei, senese doc, capelli neri e occhi scuri. Lui, piemontese, capelli biondi e occhi azzurri. Mi sembra quasi di vederli mentre passeggiano sulla riva, mano nella mano, fantasticando entusiasti sul loro futuro. Sono belli e giovani, non immaginano neanche lontanamente che alla vigilia della nascita della loro primogenita dovranno attraversare l'Italia per arrivare in tempo a Siena, per adempiere con orgoglio e onore alla tradizione che battezza contradaiolo vero solo chi nasce nella città del Palio.

È qui che quarantacinque anni fa viene alla luce Gaia, scienziata, cervello in fuga e poi ritornato, donna determinata e di successo, il cui nome è un omaggio alla fonte di Piazza del Campo.

Gaia cresce a casa del nonno ma è il trasferimento in campagna che rappresenta l'aurora di quella che diventerà la passione della sua vita. È infatti ancora una bambina che ha appena imparato a parlare e a contare quando, in un pollaio sgangherato, inizia già a diventare scienziata. Ricorda quel giorno come se fosse ieri. Forse non sarà tutta opera sua e della sua memoria, ma il suo racconto farcito è capace di catapultare anche me, insieme alla sua amica di infanzia, Federica, in quel pollaio di San Piero, al confine tra il Chianti e le crete senesi.

"Fu lei, Federica, ad alzare le piume che nascondevano il sedere della gallina che stava lì appollaiata. Faceva un rumore strano che all'epoca non conoscevo, quel verso che le galline fanno quando sono pronte a espellere l'uovo. Lo vidi mentre usciva, fu una specie di folgorazione, rimasi a bocca aperta. Fino a quel momento avevo sempre pensato che le uova nascessero nelle scatole di cartone".

Ha soltanto tre anni ma quel ricordo le si imprime nella memoria. Trascorre parte della giornata in adorazione: cova l'uovo tra le mani cercando di preservarne il calore, lo accarezza infinite volte ipnotizzata dalla setosità del guscio, lo capovolge, lo scuote, lo culla. Respirando a occhi chiusi si rende conto che l'aria in campagna ha un altro odore, che i colori dei fiori non sono gli stessi della sua scatola di pennarelli, che il mondo è più grande e meraviglioso di quanto abbia mai pensato. La piccola Gaia è rapita dallo spettacolo della natura che evolve, dalle forme che mutano, dal trionfo della vita che nasce.

Io sono rapita invece dalla capacità di avere ricordi così precoci, io che mi tappezzo la vita di post it con liste infinite di cose da fare e che riesco a ricordare del mio passato solo ciò che spesso vorrei dimenticare. Gaia invece ha addirittura avuto delle reminiscenze intrauterine, qualcosa che per me è al limite della fantascienza e che invece è assolutamente possibile. Verso i due anni, infatti, è in grado di raccontare cosa fa nell'utero, "nuotavo e giocavo con le mani" dice alla mamma, un ricordo che si può conservare nei primi anni di vita e che poi crescendo dovrebbe sparire.

L'amata vita di campagna alle prese con collezione di bozzoli, esperimenti e raccolta di insetti passa però in secondo piano quando Gaia compie cinque anni e il padre decide che è giunto il momento di iscriverla a scherma, uno sport che ha sempre amato fin da piccolo ma a cui aveva dovuto rinunciare perché a suo tempo uno sport troppo elitario.

Gaia ripone l'uovo in un cassetto e si butta a capofitto nella nuova avventura: a sei anni comincia a praticare l'agonistico, prima con il fioretto e poi con la spada. Si allena tutti i giorni. E tutti i giorni ha al suo fianco da una parte la mamma, che faceva da tassista per le figlie Gaia e Barbara, dall'altra suo padre, presente ed esigente, che non manca di esortarla alla disciplina e all'impegno.

"Mi diceva apertamente 'noi ti portiamo ad allenare e alle gare con un obiettivo: giocare e vincere'. E io mi divertivo ogni volta, perché vincere è davvero divertente!"

Un insegnamento che diviene per Gaia la costante del suo progetto di vita, che le permette di acquisire la determinazione necessaria per accettare e vincere le sfide che la spada, il corpo e la testa le lanceranno negli anni a venire.

Continua ad allenarsi raggiungendo risultati eccellenti e a quattordici anni entra a far parte della Nazionale di scherma, prima nell'Under 16 e poi nell'Under 20, vincendo varie volte la medaglia d'oro.

"La scherma è uno sport bellissimo perché non è soltanto fisico ma anche strategico: la distanza tra i due schermitori è talmente tanto corta che se uno si affida al tempo di reazione, perde. Devi essere in grado di prevedere le azioni del tuo avversario e per farlo devi indurre l'altro a fare quello che tu vuoi. Ci sono delle reazioni istintive che ognuno di noi ha, se io ti attacco in un certo punto tu reagisci facendo una determinata mossa. Sapendo questo puoi prevedere quelle reazioni: chi vince è chi riesce a dominare psicologicamente l'altro".

Anche mentre frequenta il liceo scientifico la scherma rimane il centro inoppugnabile del suo mondo. Indossa la gorgiera come il sontuoso colletto di una regina, la spada è il suo scettro, la pedana il suo regno. La testa non conosce altro pensare e coltiva instancabilmente l'esercizio di un corpo che ritiene il suo più grande alleato. Ma il destino, si sa, conosce bene il tradimento; accarezza le illusioni come una maga col turbante, ammicca alle nostre debolezze, mischia le carte e poi gira quella peggiore quando meno ce l'aspettiamo, con un sadico ghigno.

Ed è così che, mentre è in corsa per partecipare alle Olimpiadi, la vita le lancia una stoccata che la mette al tappeto. A diciannove anni Gaia scopre di avere il diabete.

È il crollo di ogni convinzione, del futuro immaginato, dell'ambizione condivisa con suo padre, del sogno di bambina.

"Dall'oggi al domani mi sentii abbandonata da un corpo che per tanti anni avevo ritenuto invincibile. Mi allenavo cinque ore al giorno tutti i giorni, ero giovane, piena di forza, un'esplosione di energia. All'improvviso il mio corpo mi aveva voltato le spalle".

Non è uno schiaffo arrivato in pieno volto che brucia ma poi passa. Il diabete è una condizione con la quale dovrà convivere, una realtà che darà la direzione a ogni passo, come quello di abbandonare il mondo delle gare. Per un po' continua a partecipare agli incontri del circuito internazionale ma si accorge di non riuscire a essere lucida: i riflessi rallentano, la vista si annebbia, fa fatica a guardare in faccia la sua stessa vita. La sua carriera è giunta alla fine.

La scherma è infatti un insieme di picchi di adrenalina a tempi incontrollati: quando si ha un picco di adrenalina, la reazione immediata del corpo è quella di rilasciare zucchero dal fegato nel sangue perché si abbia abbastanza energia per reagire; quando lo zucchero è nel sangue si deve anche avere una dose adeguata di insulina per poterlo metabolizzare, per farlo entrare nelle cellule e far sì che venga effettivamente utilizzato. Tutto questo per la giovane stella nascente della scherma non sarebbe stato più possibile: il rilascio di insulina nei diabetici di tipo 1 non avviene. Fine dei giochi.

Gaia apre ancora una volta il cassetto e accanto all'uovo posa la spada.

Eppure, nel male e nel bene, nessuno conosce l'imprevedibilità della vita, una giostra illuminata che mentre ti porta in cima ti mostra il precipizio, ripetutamente beffarda, scrigno di profondi dolori e incontenibili gioie. E non esistono vincitori, ma solo instancabili sopravvissuti di duelli obbligati.

Quando i suoi sogni sembrano essersi frantumati

per sempre, Gaia raccoglie i cocci e prova a rimetterli insieme. L'anno in cui scopre di avere il diabete e lascia il mondo della scherma è anche lo stesso in cui si iscrive all'università di Scienze naturali a Siena. In fondo, Gaia quell'uovo e quel pollaio non li ha mai dimenticati.

Sono anni in cui le università hanno ancora fondi per poter investire in viaggi e esperienze dirette, in escursioni in giro per l'Italia per imparare direttamente sul campo. È anche per questo che Gaia decide che è quella la sua strada, la ricerca.

"L'università e l'amore per la scienza mi hanno salvato nel momento più doloroso di sempre. L'idea che mi ha rimesso in sesto è stata l'ambizione di arrivare nella scienza a livelli più alti di quelli raggiunti nella scherma".

Si laurea nel 2002. Dopo essere stata *research associate* al Dipartimento di Scienze ambientali dell'Università di Siena, nel 2007 consegue il dottorato presso il Dipartimento di Biologia evolutiva.

Anni di studio e di ricerca, ma anche anni in cui si scontra più volte con i limiti del sistema universitario italiano: mesi senza stipendio, altri con uno stipendio minimo, pochissime risorse messe a disposizione delle facoltà e dei laboratori che creano alla lunga un demotivante circolo vizioso. Alcuni docenti coltivano infatti, più o meno segretamente, la paura di incoraggiare i giovani, temendo che i più bravi possano partire e non tornare più.

Ma Gaia non si fa fermare, l'ha già fatto una volta la vita e non è disposta a permetterlo ancora. Quando sente che è arrivato il momento di allargare i propri orizzonti ha la fortuna di incontrare Joel Rosenbaum, un professore americano alla Yale University che diventerà un suo mentore. Un giorno le arriva dagli Stati Uniti una lettera scritta a mano dal professore a cui è allegata la pubblicità del Phisiology Course presso il Marine Biological Laboratory di Woods Hole, nel Massachusetts. Gaia non sa parlare bene l'inglese, è appena passata dalla biologia evolutiva a quella cellulare molecolare ma intuisce che quella è la sua occasione.

Lo confesso: se non avessi cercato e trovato Woods Hole su Google Maps, avrei pensato al surreale set di un film di Wes Anderson. Un piccolo paese di pescatori in cui nel 1800 venne costruito un Centro di ricerca di biologia marina, prima scuola di biologia negli Stati Uniti accessibile anche alle donne. Da allora questo villaggio è diventato un microcosmo unico nel suo genere: è abitato soltanto da pescatori e scienziati, alcuni dei quali premi Nobel, che ci trascorrono l'estate.

Un luogo da inserire nella Lonely Planet per chi ha bisogno di staccare la spina e nascondersi dal mondo. Qui, quando il sole tramonta, gli scienziati si incontrano nell'auditorium del paese per ascoltare le nuove stelle della ricerca mondiale.

I relatori possono partecipare soltanto su invito ed è proprio lei che, sette anni dopo essere stata qui come semplice studentessa, si ritroverà a parlare davanti alla prestigiosa platea al cospetto di personalità a lungo studiate, ammirate, emulate. Saranno loro ad applaudirla, sullo sfondo di un cielo stellato e di una distesa di reti da pesca dormienti.

È il pezzo del puzzle che le mancava. Gaia trova finalmente il coraggio di lasciare l'Italia. Prima la Svizzera e poi Dresda, dove diventa responsabile di un gruppo di ricerca al Max Planck Institute of Molecular Cell Biology.

È qui che nel 2016, dopo anni di camici macchiati da troppi caffè, di pugni sbattuti sul tavolo all'ennesimo fallimento, di notti insonni passate a confidarsi con la luna e giorni in laboratorio senza mai vedere il sole, Gaia e il suo gruppo fanno una memorabile scoperta.

Ciglia a flagelli saranno il focus della ricerca.

Strutture che si trovano in quasi tutte le cellule del nostro corpo. Provo a spiegare, sperando di non far rabbrividire qualche scienziato.

Per far sì che il ciglio si assembli, esiste un meccanismo di trasporto molecolare che si basa sul complesso viavai di un sistema di treni. Se ci sono mutazioni genetiche che causano malfunzionamenti dei treni o dei loro motori, il ciglio non funziona. Dal 1993, da quando è stato scoperto questo sistema di trasporto, il rompicapo rimane essenzialmente uno. Visti al microscopio, ci sono nove sistemi di doppi binari su cui decine di treni si spostano in direzioni opposte ad alta velocità, ma senza scontrarsi mai. Come è possibile?

Nel laboratorio di Dresda, Gaia Pigino e il suo piccolo team risolvono il rompicapo, sviluppando un sistema di microscopia correlativa con risoluzione temporale, che fissa il campione nello stesso momento in cui lo si sta guardando. Grazie a questo sistema è possibile incrociare la microscopia ottica, con cui si osserva la dinamica dei treni, e la microscopia elettronica, con cui si individuano i binari sui quali viaggiano i treni.

Con la microscopia ottica era possibile vedere la dinamica dei treni e con la microscopia elettronica era possibile individuare su quali binari viaggiassero i treni. Ma non potendo sovrapporre le due informazioni in contemporanea, rimaneva scoperto il quesito centrale: come facevano treni che andavano in direzioni opposte a non scontrarsi mai? Ecco che una mattina Gaia ha una intuizione: sviluppa una tecnica che fissa il campione mentre lo si sta guardando al microscopio ottico, permettendo così di fare un filmato dell'intero processo. "Per capire se un treno andasse in una direzione o nell'altra, gli feci un filmato quando era ancora in movimento e poi proseguii con il fissarlo mentre lo filmavo. Quando guardai con la microscopia elettronica alla posizione dei treni in questo modo fissati sui microtubuli per sapere su quale binario viaggiassero, contemporaneamente riuscii a sapere anche se stavo osservando un treno che andava in una direzione o nell'altra. Scoprimmo che per ognuno dei nove sistemi di doppi binari di microtubuli, un microtubulo è destinato ai treni che vanno in una direzione e l'altro è dedicato ai treni che si muovono nella direzione opposta. Ed è questa la ragione per cui non si riscontrano collisioni tra i treni".

Grazie a questo sistema Gaia scopre che esistono microtubuli destinati ad andare in una direzione e microtubuli dedicati a un'altra. Ed è questa la ragione per cui è impossibile che ci sia una collisione tra i treni.

Banale? Niente affatto.
La scoperta interessa tutte le patologie associate ai malfunzionamenti che riguardano quel trasporto e il malfunzionamento del ciglio. Ricerche come questa

sono tuttora fondamentali per capire come funzionano le cellule: solo così è possibile comprendere anche cosa non funziona, quando non funziona e soprattutto perché nelle varie patologie umane.

Anno 2016. Ci sono date che non dimentichiamo mai, che rimangono impresse nella memoria come le parole della canzone d'amore che cantavamo a sedici anni e che vent'anni dopo ci ritroviamo a urlare senza sbagliare neanche un verso.

Il 6 maggio 2016 è, per Gaia, una di queste date: è il giorno in cui riapre il cassetto e stringendo tra le mani il suo uovo di bambina, si rivela al mondo intero; è il giorno in cui "Science", una delle più popolari riviste di divulgazione scientifica al mondo, le dedica la sua prima copertina. Non un articolo e basta, ma anche la copertina.

Con il titolo "Microtubule doublets are double-track railways for intraflagellar transport trains", Gaia, scienziata all'epoca ancora sconosciuta, decide di inviare alla prestigiosa rivista un articolo sulla sua recente scoperta. "'Qualcosa che cambierà per sempre i libri di biologia', scrivemmo nella lettera di presentazione. Non avevamo altro da aggiungere", ricorda. Dopo una settimana di attesa arriva la risposta dalla redazione di "Science": la ricerca viene definita meritevole e l'articolo ottimo, ma poco adatto a un pubblico non strettamente scientifico come quello della rivista che ha l'ambizione di essere letta anche dai non addetti. Gaia non accetta il rifiuto, è fermamente convinta che la sua scoperta meriti un posto in prima pagina. Così si siede al computer e scrive un'altra e-mail, quella che nel suo settore chiamano *rebuttal letter*. Si gioca il tutto per tutto: "Secondo me lei sta facendo un errore, le dissi. Non ho dubbi, questo è un lavoro fondamentale per la biologia che verrà apprezzato dalla comunità scientifica ma anche dai non esperti". Aveva ragione a insistere. La redazione di "Science" decide di inviare il testo ai revisori: l'articolo sarà pubblicato solo nel caso in cui i commenti saranno estremamente positivi, altrimenti verrà cestinato, senza appello. Il laboratorio di Dresda rimane sulle spine per tre settimane ma poi il verdetto arriva eccome: i commenti sono eccezionali e la scoperta si guadagna non solo un articolo a tutta pagina ma anche la copertina.

L'uovo si schiude e la gallina prende il volo.

Lo racconta così Gaia, sorridendo e scherzando, quel 2016 che le ha regalato una grande notorietà a livello internazionale e un decisivo apprezzamento da parte della comunità scientifica. Da quel momento viene invitata a decine di conferenze, seminari, forum scientifici, consegue riconoscimenti e fondi per la ricerca, tra i quali uno European Research Council Consolidator grant nel 2018 e un German Research Foundation grant nel 2019.

Tanto lavoro, ore passate a studiare, a capire, a farsi domande e a cercare risposte: poco sonno e tante intuizioni.

Sono anni frenetici, completamente dediti al lavoro. I finanziamenti danno la possibilità a Gaia di trasformare i suoi sogni in realtà, di lavorare con team più grandi, di creare, ricerca dopo ricerca, una credibilità solida che le garantisce stima incondizionata in tutto il mondo scientifico.

E così nel 2021, cinque anni dopo la prima, "Science" le dedica una seconda copertina che riguarda la ricerca sulle cause d'infertilità degli spermatozoi, portata a termine da Gaia con un team internazionale e molto più grande rispetto a quello del 2016.

La ricerca parte dall'osservazione dei famosi binari, i microtubuli, che nel flagello dello spermatozoo sono modificati da una proteina che aggiunge una molecola, la glicina, sulla loro superficie. Se c'è una mutazione per cui questi enzimi che modificano i binari non funzionano o non vengono prodotti nella cellula, gli spermatozoi invece di andare dritti verso l'ovulo girano su se stessi, si perdono, o se riescono ad andare dritti, appena incontrano un ostacolo incominciano a girare su se stessi. Ecco un motivo dell'infertilità maschile totale o parziale.

Il motivo per cui "Science" non ha dubbi a dedicare una copertina alla scoperta sugli spermatozoi è perché questa ricerca è stata una di quei pochi casi in cui si è riuscito a individuare e a caratterizzare a livello strutturale e molecolare il pezzettino malfunzionante della cellula. Scoperta che ha permesso di comprendere, a livello funzionale, come l'assenza della glicina comprometta l'azione coordinata dei motori molecolari che fanno sbattere il flagello dello spermatozoo, con il risultato che questo si muove in circolo invece che andare dritto. "È una scoperta, quella sull'infertilità maschile, che potrebbe in un futuro costituire la base anche per la ricerca su quella femminile, — racconta Gaia — perché anche nelle tube ci sono delle ciglia che battono e possono coadiuvare in qualche modo la motilità degli spermatozoi".

Ripensando alla storia di Gaia non posso fare a meno di riflettere su come ogni fase della vita risenta, più o meno consapevolmente, dell'eredità dell'esperienza acquisita precedentemente. È indubbio che oltre all'innata e benevola ambizione e alla capacità di inseguire gli obiettivi con manifestata determinazione, anche gli insegnamenti ereditati dal mondo della scherma siano stati per Gaia alleati indispensabili nel raggiungimento del successo.

"Nello sport si gioisce quando si vince ma si impara a perdere e a rimettersi in sesto dopo le sconfitte. Questa capacità mi è servita per metabolizzare a livello psicologico la scoperta di avere il diabete ma anche e soprattutto nella vita da laboratorio per convivere con una quotidianità costellata da fallimenti".

Chi fa ricerca lo sa bene: si va avanti giorni, settimane, mesi a cercare di mettere a punto un protocollo o un metodo per rispondere a una domanda e nella maggior parte dei casi la risposta arriva ma solo dopo due, tre, quattro anni di lavoro e decine di tentativi. È fondamentale imparare a non perdere di vista la motivazione, perché proprio lì, dove spesso si annida la facile tentazione di cedere alla resa, si nasconde imboscato il traguardo.

La motivazione e poi l'obiettivo, una sorta di puntino ideale a cui Gaia tende ogni giorno, come dai tempi della scherma.

"Bisogna sempre avere ben presente qual è la finalità, perché tutto è interessante ma non tutto può diventare un progetto. Fa carriera chi riesce a produrre una storia, chi porta a termine una ricerca che viene valutata dal resto del mondo scientifico idonea alla pubblicazione perché in grado di fornire nuove informazioni che fanno accrescere la nostra conoscenza".

E pensare che io ho sempre coltivato un'idea romantica e avventurosa della scienza, convinta che si basasse soprattutto sull'intuizione improvvisa, sulla capacità di farsi sorprendere dall'inaspettato, sull'illuminazione che ti restituisce al mondo dopo una notte di tormento: "Capita anche questo. Per esempio il mio progetto finanziato dallo European Research Council si basa proprio su una scoperta che non mi aspettavo. Però occorre sempre metodo: prima si finisce quello che si sta facendo, poi si scrive il progetto successivo e si chiedono i fondi". Insomma, intuizione fino a un certo punto.

La scienza d'altronde non è più quella del 1800 quando a tavolino si osservava col microscopio e si buttavano giù le ipotesi, con tutto il tempo necessario per poter indagare e verificare. Il mondo della ricerca oggi è diventato molto competitivo e al ricercatore che riesce a farsi strada non bastano più soltanto una sana dose di curiosità, l'idea giusta e l'abilità manuale di fare gli esperimenti in laboratorio. Oggi è richiesta la capacità di preparare presentazioni, scrivere gli articoli, interagire con gli enti che forniscono i fondi e capire dalla letteratura cosa stanno facendo gli altri che si interessano allo stesso argomento, per evitare il rischio di buttare anni di lavoro. Perché succede anche questo.

La stessa Gaia oggi non passa più tanto tempo in laboratorio perché si dedica soprattutto al management: gestione degli aspetti politici, idee, discussioni, brainstorming per i progetti, costruzione di una solida narrazione di sé e del suo team, presentazioni del lavoro e raccolta fondi per finanziare la ricerca, per costruire il futuro.

E se Gaia Pigino può essere a buon diritto annoverata nella lista dei cervelli in fuga, è allo Human Technopole che si deve il suo rientro in Italia. Dopo dodici anni di ricerca all'estero è tornata infatti nel nostro Paese in qualità di *Associate Head* del Centro di Biologia Strutturale del nuovo polo di ricerca finanziato dal governo italiano, nato a Milano. E per una che non si è fatta fermare dalla vita (che l'ha fatta inciampare sul diabete e che in cinque anni l'ha fatta finire due volte sulla copertina di "Science", mentre a uno scienziato non è detto che capiti neppure in dieci vite), le sfide non finiscono. E questa volta ripartono dall'Italia.

"L'intento dello Human Technopole è quello di diventare un'eccellenza. Vogliamo formare un istituto di ricerca internazionale dove si parli inglese, l'unica lingua ufficialmente riconosciuta nel mondo della ricerca scientifica. Un istituto in grado di attrarre talenti dall'estero inclusi i cervelli in fuga, proprio come lo sono stata io. L'Italia non era il Paese adatto al mio tipo di ricerca fino a quando non c'è stata questa opportunità. Gli strumenti che adoperiamo sono costosi, hanno bisogno di una manutenzione costante e soprattutto di competenze notevoli e le competenze vanno attratte".

Mi immalinconisco un po' nel constatare quanta fatica faccia il nostro meraviglioso Paese e quanto finisca spesso, immeritatamente, all'ultimo banco, contemporaneamente vittima e carnefice di una profezia fallimentare. Gioie e dolori che Gaia conosce bene.

"L'Italia rispetto all'ambiente internazionale è uno dei Paesi in cui la ricerca nel campo delle scienze della vita è stata molto forte in passato ma al momento non è sicuramente vista come un'eccellenza. È evidente per esempio dalla composizione dei gruppi di ricerca nelle varie università formati quasi esclusivamente da italiani, perché l'Italia non è ancora una destinazione ambita da ricercatori di calibro internazionale. I gruppi di ricerca, per avere maggiore respiro, dovrebbero essere internazionali, perché più persone arrivano da tutto il mondo, più le esperienze da condividere sono diversificate e apportano benefici al processo di ricerca. Un gruppo di ricerca limitato al contesto italiano riflette un modo di lavorare, di comportarsi, di pensare che è locale e questo è un grande ostacolo per il respiro internazionale del progetto. Un altro limite è rappresentato dalle risorse erogate e dalla loro gestione a volte poco strutturata e lungimirante. Posso dire però con orgoglio che gli italiani nel mondo sono sempre quelli che emergono in qualche modo, per l'originalità, per la creatività, per le idee. I nostri ricercatori sono eccezionali, però per la maggior parte quelli che arrivano sono quelli andati via. Lo Human Technopole finalmente, con i suoi finanziamenti, è riuscito ad attrarre scienziati di fama internazionale: speriamo sia solo l'inizio di un duraturo investimento dell'Italia nella ricerca".

Non posso fare a meno di chiedermi se Gaia sarebbe mai finita sulla copertina di "Science" se fosse rimasta in Italia: "No, sarebbe stato praticamente impossibile sopravvivere in Italia facendo questo lavoro. Probabilmente avrei smesso di fare ricerca e avrei aperto una palestra di scherma".

E invece per l'amore per la scienza e per il suo Paese ha accettato di tornare, con in testa un'idea di futuro molto precisa: formare nuove generazioni di ricercatori, arrivare a una fase in cui saranno state sviluppate tecnologie e competenze che permetteranno di capire cosa succede a livello molecolare nel caso di alcune patologie umane come le ciliopatie (infertilità, cecità, rene policistico, fegato policistico, problemi cronici del sistema respiratorio, irregolarità nello sviluppo dell'embrione) e arrivare a sviluppare terapie mirate.

Trovo entusiasmante tutte le possibilità che la scienza ha dentro e davanti a sé, soprattutto negli ultimi anni in cui il tempo della pandemia ci ha ricordato quanto importante sia affidarsi alla competenza della ricerca, l'unica in grado di salvarci la vita. Eppure, a volte capita di chiedermi se la scienza riesca a risolvere tutti i perché, se abbia una risposta a ogni domanda.

Gaia risponde a tutti i miei quesiti non trascurando nessuna sfumatura, nessuno dei miei incisi e delle mie curiosità. Non tralascia nulla, come in laboratorio. Pronta a trovare un senso al caos e persino una risposta alla mia persecutoria domanda: ma c'è una spiegazione a tutto?

"Sì. Le nostre conoscenze sono limitate soltanto dalle tecnologie, da ciò che riusciamo a fare. Spesso le domande rimangono inevase per anni fino a quando non arrivano tecnologie nuove che danno più risoluzione, a livello spaziale e temporale, e ci permettono finalmente di trovare delle risposte. Ogni risposta però è anche il principio di nuove domande".

Credo che il segreto del successo di Gaia sia proprio questo, avere avuto la capacità e l'istinto di approcciarsi al lavoro con l'identico intatto entusiasmo con il quale si è sempre rivolta alle sue passioni, fino a quando l'una non ha coinciso esattamente con le altre. Le sue mani avide di meraviglia hanno dimostrato uguale dedizione nell'accarezzare l'uovo di una gallina, nell'impugnare il primo fioretto, nel maneggiare la spada e infine nello stringere il microscopio. Mani di donna che a un certo punto ha dovuto fare i conti anche con ambienti in cui, se sei una donna, può essere più complicato ambire a posizioni di leadership.

E l'università non fa eccezione, anche se negli ultimi anni nel nostro Paese molti istituti di ricerca e le università per ridurre questa disparità hanno stabilito dei criteri interni secondo i quali, per esempio, la selezione per una determinata posizione non può iniziare fino a quando non sia garantita una quota adeguata di donne candidate. Ma può anche succedere che si venga invitate a candidarsi soltanto per raggiungere la quota rosa indispensabile a legittimare, alla fine, la selezione di un uomo.

"Ci vuole tempo a introdurre sostanziali cambiamenti in una società che da sempre ha messo l'uomo nella posizione di potere" dice Gaia. "Oggi più che mai mi sono convinta che non dobbiamo farci scoraggiare, dobbiamo metterci in gioco, sempre".

Gaia l'ha fatto più di una volta. Con un background da naturalista si ritrova oggi a essere co-capo di un centro di ricerca di biologia strutturale, una brillante scienziata nota in tutto il mondo che ha accettato senza esitare l'ennesima sfida: "Al momento dedico il settanta per cento del mio tempo allo Human Technopole e il restante trenta per cento al sonno. Sono contenta così, mi dispiace soltanto non potermi dedicare agli hobby che di solito condivido con mio marito Florian, anche lui scienziato e austriaco della Carinzia. Una passione, quella per l'arte, che ho ereditato da mia mamma, pittrice e scrittrice che nel 2014 ha dipinto il Drappellone del Palio di Siena".

A casa Gaia e Florian hanno allestito un vero e proprio laboratorio d'arte: tornio, forno e smalti per lavorare la ceramica, una vasta collezione di macchine fotografiche, set per dipingere a olio, con l'acquerello, materiale per la serigrafia e per l'incisione su linoleum. Amano creare, entrambi, e avrebbero creato anche una famiglia con dei figli, che però per ora non sono arrivati.

"È stato impossibile, forse a causa del diabete o perché semplicemente non ha funzionato. Ma la capacità di adattamento degli uomini per me è un punto fermo. Mi basta pensare chi ero a diciannove anni, cosa facevo, cosa sognavo e poi guardarmi oggi. Mi sono dovuta inventare un'altra vita e mi piace. Siamo fatti di compromessi, di tante insoddisfazioni, di nuovi inizi".

D'altronde siamo impossibilitati a sfuggire alla nostra storia. Non possiamo cancellare i capitoli che ci convincono di meno, strappare le pagine dedicate alla collezione delle nostre delusioni e recitare a memoria soltanto quelle in cui risultiamo invincibili. Ma possiamo imparare a ritrovarci tra le righe scolorite, perdonarci gli inevitabili spazi bianchi e riconoscere quando è il momento di mettere un punto e andare accapo.

Immacolata (Titti) Postiglione

Nel terremoto del 1980 avevo nove anni.
Stavo giocando con mia sorella,
ricordo una scossa pazzesca.
Quella notte dormimmo in macchina.
I miei genitori furono bravi a trasmetterci
l'urgenza di sapere cosa fare
ma anche la calma di affrontare le cose.
Un insegnamento che per me
si è rivelato fondamentale,
sia nella vita che nel lavoro.

5
L'importanza di chiamarsi Titti

Titti Postiglione è il Vice Capo del Dipartimento della Protezione Civile italiana, dove è entrata nel 1999. È stata la prima giovane donna europea a capo di una Sala di gestione delle emergenze. Ed è sempre in prima linea durante i tanti disastri che hanno investito il nostro Paese.

Forse è la prima volta che mi siedo a prendere un tè con Titti, eppure ci conosciamo da venticinque anni, da quando eravamo due ragazze intente a intrecciare sogni ambiziosi tra i capelli, a riempire le tasche di sfide mirabolanti e gli occhi di portentose idee, figlie del nostro Sud.

Immacolata Postiglione, oggi Vice Capo del Dipartimento della Protezione Civile, è una delle donne più impegnate che abbia mai conosciuto. Insieme abbiamo condiviso numerose pagine della storia difficile del nostro Paese, complesse e significative. Io le raccontavo, lei era lì a tentare ogni volta di gestirle.

Che la vita di Titti sarebbe stata votata all'emergenza è stato chiaro fin da quando è nata cinquant'anni fa a Salerno o, strano immaginarlo, addirittura prima.

È infatti ancora nella pancia della mamma quando nel giro di sei mesi, a causa di un feroce neuroblastoma muore suo fratello Pier Paolo, di appena cinque anni e mezzo.

Si può parlare di perdita di qualcosa che non si è mai avuto, di qualcuno che non si è mai conosciuto? Io credo di sì. Ogni perdita, vissuta anche indirettamente, condiziona spigoli e curve della nostra identità, la forma dei sentimenti prossimi, la capacità e il modo di reagire. Quello di Titti è sicuramente un lutto molto particolare, vissuto attraverso lo schermo tanto infrangibile quanto fragile di un utero, in contatto viscerale con le sensazioni più intime, inconfessabili e potenti che una madre possa provare.

È con un certo pudore che tento di immaginare cosa possa significare ritrovarsi a mediare tra la vita che ti cresce dentro e la morte che ti inghiotte fuori; come si possa sopravvivere alla straziante lotta tra due tempi opposti, due sentimenti nemici, tra la più grande delle gioie e il più feroce dei dolori. Come si possa essere in grado di nascondere il senso incompiuto della vita alla vita che hai dentro, proteggere e nutrire quella parte di te che si fa prepotentemente spazio tra i tuoi organi, da una te stessa alla deriva. Come si possa essere in grado di continuare ad amare senza smettere di soffrire.

Pier Paolo muore a febbraio, Titti nasce a maggio. Al suo battesimo sono tutti vestiti di nero.

"Sono nata in un lutto e questa consapevolezza ha condizionato tutta la mia vita. Me ne accorgo solo oggi, rileggendo il mio passato".

A due genitori che mentre seppelliscono il loro figlio devono preparare la culla per la piccola in arrivo non si può chiedere nulla e neppure si può pretendere la gioia senza limiti, perché il limite c'è. Nero e profondo come il dolore più grande che possa capitare a una madre e a un padre. Ma l'amore di chi ti mette al mondo può tutto, anche il miracolo della vita dopo la morte. I genitori di Titti sono stati due educatori straordinari. Sono riusciti a crescere i loro tre figli senza renderli destinatari innocenti di dolori di cui non avevano colpa. Per anni hanno vissuto in una sorta di apnea, tenendo l'amarezza e i ricordi chiusi in un armadio, insieme alla chitarra, al cappello, al cappottino e alle fotografie di Pier Paolo. Mai una lacrima è stata persa in salotto, nella paura costante che il potere del ricordo potesse far crollare tutta la famiglia. Solo quando hanno ritenuto che Venanzio, il secondogenito, Titti e Daniela, l'ultima nata, fossero pronti per comprendere e sopportare il racconto della perdita, solo allora si sono lasciati andare. Hanno tolto il lucchetto alle ante dell'armadio e hanno concesso loro il libero accesso a quel passato custodito per anni con gelosia, sobrio dolore e tanto, tantissimo amore.

"Sto trascrivendo un'agendina di mio padre che riporta giorno per giorno il periodo della malattia di mio fratello. Quando non capisco la sua scrittura ci arrivo col cuore, immagino che cosa volesse dire e riesco a decifrare ciò che ha scritto. Per me è come parlare con lui, un dialogo bellissimo".

È naturale che Titti custodisca ancora dentro di sé una parte bambina con un trauma non pienamente vissuto, non totalmente metabolizzato, perennemente in bilico tra sentimento e razionalità, coscienza e inconscio, paura ed entusiasmo, malinconia e ottimismo. Del suo tempo d'infanzia non ha quasi ricordi se non quell'ossessiva domanda che per anni davanti allo specchio ha perseguitato il suo schivo riflesso: perché è dovuto andar via mio fratello per fare posto a me?

"Qualche anno fa per motivi familiari abbiamo dovuto riesumare il corpo di Pier Paolo. Quella è stata la prima volta in cui ho incontrato mio fratello".

Il senso di responsabilità caratterizzerà Titti da subito, nel bene e nel male. Nel bene perché ne farà una missione di vita, nel male perché a lungo le risulterà difficile riconoscere la dignità esistenziale della leggerezza, legittimare i momenti di debolezza. Stanchezza e fragilità sono parole che per anni le faranno orrore, definizioni che eviterà di legare al suo nome. Soltanto con l'avvento della maturità e un costante e faticoso lavoro su se stessa riuscirà a riconoscersi il diritto di essere vulnerabile, la sua inevitabilità e persino l'indecifrabile bellezza.

È proprio grazie a questo estremo senso del giudizio che nonostante davanti a sé abbia due modelli irraggiungibili, il fratello mai conosciuto e il fratello Venanzio, oggi Vicedirettore del Corriere della Sera, da sempre distintosi per intelligenza e vivacità, Titti non si lascia intimorire e raggiunge risultati eccellenti in tutto il suo percorso scolastico, dalle elementari fino all'università. Si laurea alla Federico II di Napoli col massimo dei voti in Geologia, con una tesi in Vulcanologia.

Quando si studia Geologia a Napoli è praticamente inevitabile interessarsi alla Vulcanologia. Avere il Vesuvio e i Campi Flegrei a un passo dalle aule esercita un fascino e un'influenza irresistibili per gli studenti. L'odore della cenere e il calore della lava si confondono con il profumo della carta di vecchie pagine di storia, la scienza e le lettere antiche diventano un unico carismatico personaggio di uno spettacolo di cui si attende la replica con timore. E su di loro un sipario di velluto rosso pompeiano si apre, svelando il racconto dettagliato di un celebre attimo, l'eruzione del Vesuvio del 79 d.C. che Plinio il Giovane descriveva così: "Una nube si levava in alto, ed era di tale forma ed aspetto da non poter essere paragonata a nessun albero meglio che a un pino".

Titti è cresciuta con un padre professore di greco e latino e un grande amore per la scienza. Non può quindi rimanere immune al fascino di questa poetica commistione di discipline e decide di rimanere a lavorare nell'ambito dell'università. Vince il dottorato di ricerca in Geofisica e Vulcanologia ed è pronta a discutere la tesi, quando, nel 1998, avendo finito in anticipo e cercando qualcosa a cui dedicarsi nel frattempo, si iscrive a un corso di quattro mesi destinato alla formazione di tecnici della Protezione Civile. Il destino.

Ciascuno di noi nella vita può incontrare un maestro, bisogna però essere in grado di saperlo riconoscere. Ciò che lo distingue non sono tanto la bravura e la competenza ma soprattutto la generosità, la volontà e la capacità di trasferire e comunicare le sue conoscenze, le sue passioni, l'umiltà e l'intelligenza di gioire se e quando il suo allievo sarà in grado di superarlo.

Succede nei più svariati ambienti lavorativi. Chi ricopre un ruolo decisionale rivela spesso una grande riluttanza nel fidarsi dei giovani e tende a investire soltanto su chi ha già una credibilità consolidata. Per far crescere le nuove generazioni, per coltivare i nuovi talenti bisogna avere un profondo coraggio, correre il rischio di assumersi la responsabilità degli errori di terzi, trovarsi pronti a sostenere chi sbaglia non per incapacità ma per legittima inesperienza. Sono pochi i visionari pronti a mettersi in gioco per insegnare a giocare ai più giovani, eppure questa scommessa non ha prezzo e questo un vero educatore lo sa.

È proprio l'incontro con un maestro, come ama chiamarlo Titti, a cambiarle per sempre la vita: "Ero al corso, in questo suggestivo e misterioso monastero di Fabriano. Elvezio Galanti venne a tenere una lezione sulla Storia della Protezione Civile. Era un personaggio carismatico, affascinante, pendevamo tutti dalle sue labbra. Quel giorno, ascoltandolo, mi fu subito chiaro che lavorare nell'emergenza era il mestiere più bello del mondo e sentii di volergli dedicare tutta la mia vita".

La mente frenetica e brillante di Titti si popola in un

istante di nuovi stimoli da accogliere, di progetti da esplorare: pensa a come il suo studio sui vulcani possa essere utile non soltanto a comprendere le eruzioni, l'età, le pomici bianche e grigie ma anche ad aiutare le persone, per esempio con la progettazione di piani di emergenza per il rischio vulcanico in area vesuviana e flegrea.

"Quello che ho imparato da Galanti ancora oggi rappresenta la maggior parte di ciò che sono. Il suo insegnamento è stato così importante che ho capito di volermi riservare anche io, in futuro, un tempo per la formazione dei giovani. Tutto quello che so e che sono lo devo dare, assolutamente restituire".

Per fortuna e soprattutto per merito, Titti incontra sul suo cammino diverse persone pronte a credere in lei, sin dal luglio del 1999 quando entra in Protezione Civile. Il Sottosegretario di Stato al Ministero dell'Interno con delega alla Protezione Civile dell'epoca, Franco Barberi, ha avuto infatti una grande intuizione: ha capito che il Dipartimento non può essere costituito solo da amministrativi ma ha bisogno di tecnici. Lancia quindi un concorso aperto a giovani geologi, architetti e ingegneri, assume circa novanta persone e mette in piedi una squadra straordinaria. Appena due anni dopo, Elvezio Galanti, che ha appena fondato la nuova sala operativa, invia una Titti appena trentenne come rappresentante nell'ambito del programma europeo per lo scambio di esperti per il coordinamento e la gestione delle emergenze. In pratica le affida la costruzione del meccanismo europeo di Protezione Civile che esiste ancora oggi, modello ideato interamente dall'Italia.

Di lì a poco, un'indagine per sprechi sulla gestione della Missione Arcobaleno a sostegno dei profughi albanesi in fuga dalla guerra in Kosovo costringe il Dipartimento a un rimpasto generale e al suo comando nel 2001 arriva Guido Bertolaso.

C'è lui alla guida della Protezione Civile quando nel 2002 un tremendo terremoto si abbatte sul Molise, un tragico evento che pone Titti per la prima volta faccia a faccia con l'emergenza vera. È la peggiore iniziazione che potesse immaginare: il crollo di una scuola e la morte di ventisette bambini con la loro maestra.

"Se dovessi scegliere una fotografia rappresentativa della mia carriera in Protezione Civile sceglierei sicuramente le bare bianche di San Giuliano di Puglia. Non c'è stato nulla di peggio, nulla di più profondamente toccante dal punto di vista umano e professionale".

Titti ha solo trentun'anni. Si ritrova a dover camminare tra i calcinacci di piccole aule, pagine strappate di quaderni a quadretti, fiocchi scuciti di grembiuli amorevolmente inamidati. Ancora una volta, il lutto bambino bussa alla sua porta ed entra senza chiedere permesso. Nelle sue mani i genitori di San Giuliano abbandonano le macerie dei loro cuori frantumati. Titti sa bene che non potrà mai ricostruirli ma li accoglie con estrema gratitudine e riesce, malgrado tutto, a ricambiare la fiducia che la comunità le concede, con grande empatia, incessante lavoro lontano dai riflettori, estrema dolcezza, infinita umiltà.

Titti è così.

Il suo brillante debutto in quel complesso contesto intriso di tragicità non passa inosservato e Guido Bertolaso, capo di grande arguzia e intelligenza, decide di investire su di lei e la promuove a dirigente. Dal 2005 al 2007 Titti ricopre il ruolo di Responsabile del Servizio piani di emergenza e incarichi speciali, si occupa degli aiuti umanitari al Sud Sudan e dell'emergenza sismica in Indonesia. Nel 2007 viene nominata Capo della Segreteria tecnica appena istituita e si ritrova a 36 anni catapultata dalle tende da campo a un lungo tavolo con nomi solidi del Dipartimento, come Marcello Fiori, Agostino Miozzo, Chicco de Bernardinis.

"Nessuno mi conosceva, partecipavo alle riunioni con questi personaggi noti e ricchi d'esperienza e a me

Guido dava sempre la parola, per prima e per ultima, mi lasciava carta bianca su tutto. Un attestato di stima e un atto di coraggio non certo da tutti".

Nel 2008, a trentasette anni, Titti diventa Capo della Sala operativa, prima donna della Protezione Civile in Italia e in Europa, in un contesto fino ad allora appannaggio esclusivo di soli uomini: forze armate, polizia, corpo forestale, vigili del fuoco, uno stuolo di uomini in divisa che dipendono da lei.

Gli interlocutori di Titti, nel corso della sua carriera, sono d'altronde sempre stati uomini perché sono soprattutto i piani alti a essere preclusi alle donne. Eppure Titti, confessa sincera, non si è mai sentita trattata da donna e basta. Ha raggiunto livelli dirigenziali ancora molto giovane ma tutti le hanno sempre riconosciuto una grande autorevolezza. E una ragione c'è. Anzi più di una.

"Mi capita spesso di sedere con ambasciatrici, professoresse, consigliere e dottoresse che vengono interpellate con titoli di diritto, mentre a me, di solito, si rivolgono tutti con un semplice Titti. Di questo vado molto fiera perché so di essere autorevole senza apparire autoritaria, perché non sopporto le formalità e il mio lavoro mi ha insegnato a concentrarmi sulla praticità delle cose. A me non interessa essere associata a un grado o a un'etichetta, mi interessa che le persone mi stiano a sentire e mi mostrino rispetto. Essere chiamata per nome, il fatto che tutti mi diano del tu è un segnale di confidenza che apprezzo, e di cui, ti dirò, me ne faccio anche vanto. È il frutto della solida struttura di stima e considerazione che ho consolidato con fatica in tutti questi anni di costante e appassionato lavoro sul campo".

L'autorevolezza non è legata a un titolo ma al grado di conoscenza. Il titolo non garantisce nulla. Il reale prestigio è un riconoscimento esclusivo che viene concesso solo grazie a ciò che si sa, che si è studiato, a ciò che ancora non si conosce ma che non si vede l'ora di scoprire.

L'eccellenza di Titti nel suo lavoro, l'evidenza che sia lei la guida operativa nell'ombra, il capo dei soccorritori, il responsabile della prima assistenza, il *deus* (o la dea?) *ex machina* che arriva sul luogo di ogni catastrofe naturale, assumono una rilevanza pubblica durante il terremoto de L'Aquila nell'aprile 2009.

L'emergenza sismica di quel tragico 6 aprile segna nella sua vita un vero e proprio spartiacque. C'è un prima e dopo L'Aquila. E non solo nel lavoro. I dieci mesi trascorsi sul campo come Responsabile della Segreteria di Coordinamento danno infatti una svolta decisiva alla sua carriera, le regalano il riconoscimento dell'opinione pubblica, Titti diventa il volto noto della Protezione Civile, lontana dalle chiacchiere e dai giochi politici, vicina alla gente che soffre.

L'Italia la guarderà bene in faccia la sera del 16 aprile 2009. I giornali e le trasmissioni di tutta Italia sono alle prese con le polemiche che riguardano la Commissione Grandi rischi e la presunta sottovalutazione di un allarme che avrebbe potuto contenere i danni causati da un sisma annunciato. Titti è al lavoro giorno e notte: sta allestendo 72 campi di tende per dare alloggio a 70.000 sfollati. È completamente all'oscuro del polverone che si sta alzando, non ha tempo per dormire e mangiare, figuriamoci per leggere un giornale. Meritevole di questa beata e saggia ignoranza e soprattutto della dettagliata e maniacale conoscenza di tutto ciò che sta succedendo a L'Aquila viene inviata da Guido Bertolaso alla trasmissione Annozero, di Michele Santoro, in qualità di rappresentante della Protezione Civile. C'è di sicuro la mano di Luca Spoletini, portavoce del capo e del dipartimento, dietro questa scelta geniale.

Titti si presenta in studio struccata (come sempre, d'altronde), indossa la polo blu da lavoro dalla quale non si separa mai. Non è lì per apparire, ma riesce in pochi minuti a bucare lo schermo e rimanere impressa nel cuore di tutti.

Appena fa il suo ingresso in studio, parte un servizio registrato a L'Aquila molto critico con l'operato della Protezione Civile.

"Mandarono in onda l'intervista a una vecchietta di novant'anni che dormiva in macchina, al freddo, a mille metri di altezza. Da lì una serie di domande retoriche: dove sono i soccorsi, gli anziani abbandonati a se stessi, gli sfollati per strada, assistenza inesistente... insomma, un servizio nato per colpire i telespettatori alla bocca dello stomaco. Quando tornammo in studio e mi venne data la parola, dissi che la storia che era stata raccontata semplicemente non era vera. Conoscevo benissimo quella signora, ci eravamo presi immediatamente cura di lei, a pochi metri dal luogo inquadrato dal cameraman c'era una tenda riscaldata con tutti i comfort del caso. L'anziana aquilana semplicemente non riusciva a lasciare la sua casa, voleva starle accanto anche se inagibile ed era questo il motivo per cui si ostinava a dormire in macchina".

Il racconto vero e onesto di Titti, il suo sguardo accogliente e privo di pretese di convincimento, la pacatezza misurata ma non insensibile delle sue parole arriva nelle case degli italiani. Sapere che c'è lei a occuparsi dell'emergenza de L'Aquila consola gli animi travagliati dalla tragedia, mette a tacere le polemiche accese delle ore precedenti. I giornali del giorno dopo la osannano, le firme dei maggiori quotidiani le dedicano editoriali, commenti e articoli di fondo, qualcuno le chiede persino di scendere in politica.

Il 2 giugno 2009 durante la parata che si tiene ai Fori Imperiali per la Festa della Repubblica, Titti viene designata come portabandiera. Finalmente può raccogliere di persona il sentito e meritato riconoscimento da parte dell'intero Paese: sfila orgogliosa e commossa tra migliaia di persone che la applaudono (e applaudono la squadra della Protezione Civile), senza risparmiare le lacrime.

Ma il 2009 e L'Aquila non portano solo il terremoto nella vita piena di lavoro di Titti. La carriera dedicata alla gestione dell'emergenza ha negli anni finito per far coincidere la sua vita con il suo lavoro. L'impegno nella Protezione Civile ha sempre somigliato di più a una vocazione che a un semplice dovere. E alla fine a quell'impegno ha finito per dedicare la maggior parte del suo tempo e soprattutto la totalità della sua testa e del suo cuore. Anche il pensiero di costruire una famiglia è stato negli anni rimandato. Mancava sempre il tempo per una progettualità comune e le condizioni lavorative favorevoli per poter essere donna lavoratrice e madre.

La lunga gestione del terremoto del 2009 dà invece a Titti l'occasione ideale per incontrare l'uomo che avrebbe aggiunto il pezzo mancante, il suo attuale marito, Franco Gabrielli, all'epoca prefetto de L'Aquila e Vice Commissario Vicario dell'emergenza Abruzzo, poi anche Sottosegretario di Stato alla Presidenza del Consiglio dei Ministri con il governo di Mario Draghi.

"Ci siamo riconosciuti subito. Dopo pochissimi mesi parlavamo già del 'per sempre'. Se dovesse capitare qualcosa di terribile vorremmo stare insieme, pensavamo". Immersi in un contesto così drammatico, così reale, si sono concentrati sulle cose importanti della vita, sull'intensità di ciò che era intorno e dentro. Le tragedie enfatizzano tutto, anche i sentimenti, nel bene e nel male. L'amore nato tra le macerie si è rivelato l'unica via d'uscita davanti all'evidente urgenza della vita.

Conclusa la gestione dell'emergenza terremoto, nel 2011 Titti diventa dirigente dell'Area di Comunicazione e Volontariato del Dipartimento della Protezione Civile. Nel 2015 viene nominata Capo dell'Ufficio gestione dell'emergenza e si occupa del terremoto del centro Italia che coinvolge ben quattro Regioni: Abruzzo, Marche, Umbria, Lazio.

"La sequenza sismica del 2016 è stata lunga e impegnativa. Quando stavamo per tirare un sospiro di sollievo, quando ci sembrava di essere a buon punto con la ricostruzione, il 18 gennaio del 2017 è arrivata la valanga di Rigopiano e quella devo dire che è stata una profonda ferita nel cuore. Abbiamo pensato di non farcela".

Le ferite, si sa, hanno bisogno di tempo per rimarginarsi e da quando Titti ha cominciato a lavorare nell'emergenza sono passati diciotto anni intensi e faticosi. Decide quindi a metà anno di prendersi una pausa ed entrare a far parte del Dipartimento per le Politiche giovanili e il Servizio civile. Una parentesi, perché solo quattro anni dopo, nel 2021, ritornerà a casa, alla Protezione Civile.

Ancora oggi Titti viene fermata per strada per una stretta di mano, per un abbraccio, per una pacca sulla spalla. "Non ci si abitua mai, sono situazioni che mi rendono felice ma che mi colgono ancora di sorpresa. Ho la consapevolezza di fare bene il mio lavoro e so che è un lavoro importante. Ma ti devo dire che anche durante gli anni dedicati al Servizio civile ho ricevuto riconoscimenti significativi. Quando dai molto, ricevi. Se fai una cosa molto bene, qualcosa indietro ti torna sempre".

Il telefono di Titti continua a squillare. E mentre lei risponde e gestisce con il capo, l'ingegnere Fabrizio

Curcio, la nuova emergenza che la guerra in Ucraina impone con l'arrivo di migliaia di profughi, mi prendo del tempo per pensare. Ero convinta di conoscerla, questa minuta donna tutta sostanza, e invece sto per chiudere la chiacchierata con lei desiderosa di farmi raccontare ancora una delle tante vite vissute a cercare di salvare se stessa e il Paese.

Speranza Scappucci

Fare la direttrice d'orchestra
non significa mettersi a comandare da un podio,
perché se alzassi la mano
e i musicisti rimanessero immobili, io non sarei nessuno.
Di questo lavoro a me piace la collaborazione,
sentirmi parte di un gruppo.
Il successo di una recita
è il frutto di uno sforzo comune.

6
Vissi d'arte, vissi d'amore

Speranza Scappucci, romana, è una direttrice d'orchestra e pianista. È stata la prima donna italiana a dirigere un'opera al Teatro alla Scala di Milano, terza in assoluto dopo la finlandese Susanna Mälkki nel 2011 e Claire Gibault nel 1995.

Il fabbricante di bacchette Olivander diceva a Harry Potter: "È la bacchetta a scegliere il mago, signor Potter. Non è sempre chiaro il perché, ma credo che sia chiaro che possiamo aspettarci grandi cose da lei". Nel caso di Speranza Scappucci, prima direttrice d'orchestra italiana ad aver diretto un'opera al Teatro Alla Scala di Milano, non è andata proprio così. Lei le idee le ha sempre avute molto chiare e la sua bacchetta se l'è conquistata con perseveranza e ostinazione, con studio matto e disperatissimo.

La premessa delle storie di questo libro è l'incontro,

quello vero. Quello in cui, nonostante la mascherina e la distanza, si sente la vibrazione della presenza, si percepiscono gli umori, gli odori del luogo che ci accoglie, il sapore del caffè. Per Speranza Scappucci sono stata costretta, invece, a fare un'eccezione. O così o forse non l'avrei incontrata in alcun modo: e sarebbe stato un vero peccato.

E allora con un po' di fantasia annullo i mille chilometri che separano Milano da Berlino ed entro nella sua stanza d'albergo della capitale tedesca dove ha qualche ora prima delle prove dell'*Elisir d'amore* di Donizetti.

Parto dalla fine con lei. Dall'emozione che ho provato io che neppure la conoscevo a vedere una donna dirigere al Piermarini, e da quei particolari che a me piacciono tanto, che sono piccoli ma rendono la storia grande e che al Maestro Scappucci, però, piacciono poco: chi c'era in sala delle persone che ama? Chi avrebbe voluto che ci fosse? Che cosa ha pensato, provato, temuto prima di dirigere? Insomma, quei particolari di un racconto che rivelano anche le fragilità, le intimità, e che fanno parte di quella sfera privata che il Maestro Scappucci preferisce tenere stretta stretta a sé.

Non è facile far parlare di sé questa donna compatta e solida. Ma la sua storia merita lo sforzo.

Come tutte le storie solide e vere che si rispettino,

quella di Speranza Scappucci non inizia col debutto sul podio della Scala, ma in una casa di Roma in cui la radio è sempre accesa. Dove in macchina nel tragitto verso scuola si ascolta musica classica. E dove sia la madre che il padre amano circondarsi di melodia, educare i figli al potere delle note.

E come in ogni racconto fantastico, un'anziana ed elegante signora fa capolino nelle prime pagine: si tratta di Maria Borzatti, maestra di pianoforte di origine austroungarica nata alla fine del 1800. È lei a intravedere per la prima volta il genio tra le dita di Speranza.

"Accompagnavo mia sorella Gioia a lezione. Scendevamo giù, attraversavamo il cortiletto ed eravamo già da lei. Aveva più di 80 anni ma era ancora una donna brillante. Ogni tanto, come premio, mi faceva appoggiare le mani sul pianoforte e suonare qualche tasto".

Aveva già capito tutto, Maria Borzatti.

Con il passare dei mesi nota che la piccola e curiosa dama di compagnia mostra un particolare interesse nei confronti del pianoforte e chiede a sua madre di poter cominciare a darle lezione. È il 1977 e Speranza ha solo quattro anni.

La sua educazione musicale a un passo da casa continua fino al termine delle elementari quando, a dieci anni, Speranza entra al Conservatorio di Musica Santa Cecilia di Roma dove si indirizza verso l'operistica.

Sono anni belli, intensi, ricchi di sacrifici e rinunce e Speranza è giovanissima. A metà del percorso attraversa un momento di crisi in cui per la prima volta la sua ambizione vacilla. È tentata di mollare tutto, gli studi si stanno rivelando molto impegnativi, la mattina frequenta il liceo linguistico e il pomeriggio si esercita per ore in Conservatorio. È nel pieno dell'adolescenza, è il periodo delle prime cotte, dei primi rossetti, delle prime esternazioni di indipendenza. Vede le amiche andare in discoteca, mentre lei rimane a casa a esercitarsi. La musica non è qualcosa da cui puoi prenderti una pausa, richiede costanza assoluta e anche in vacanza, con le dita appena salate dal mare, Speranza deve continuare a studiare.

Davanti alla linea d'ombra tipica della sua età, all'impulso ribelle necessario alla crescita, i suoi genitori reagiscono saggiamente, senza costrizioni o rimproveri, ma provando a regalarle tempo e nuove riflessioni. È così che Speranza, ragazza di grande intelligenza, si ravvede di quanto sia importante il suo prezioso talento, la fortuna di aver riconosciuto subito la sua passione.

Le sue mani si aprono a ventaglio, la brezza del futuro ricomincia a soffiare nei suoi occhi. Speranza sostiene in contemporanea il temuto esame dell'ottavo anno di conservatorio e l'esame di maturità, superando entrambi con risultati eccellenti.

Nel 1993 a diciannove anni rientra, su oltre cinquecento candidati, nei quindici pianisti accettati alla celebre Juilliard School, la scuola di arte, musica, balletto e spettacolo più famosa al mondo, le cui aule hanno visto crescere talenti come Pina Bausch, Miles Davis e Nina Simone. Senza nessun indugio saluta la sua amata famiglia e parte alla volta di New York. Non ha bisogno di bagaglio, le bastano le sue dita e il suo amore sconfinato per la musica.

I genitori e i nonni, con grandi sacrifici, contribuiscono ai suoi studi oltreoceano, grazie ai quali Speranza ha la possibilità di perfezionarsi con György Sándor, noto pianista ungherese. Non è solo talentuosa, la ragazza: per non pesare troppo sul bilancio familiare cerca di trovare il tempo per fare qualche lavoretto all'interno della stessa scuola: "Lavoravo in un negozio nel quale si vendevano spartiti, gadget e magliette della Juilliard. Trascorrevo lì le mie ore libere, incluso il sabato". Cinque dollari l'ora che non le avrebbero consentito di pensare a tutto da sola, ma che raccontano la tenacia e anche la responsabilità di chi sa che la sua forza è la famiglia. E quello è il suo modo per dir loro che è una figlia fortunata.

L'esperienza newyorkese passata in quei corridoi, che nell'immaginario collettivo di noi nati negli anni Settanta sono legati alle piroette di Leroy Johnson, agli sguardi severi di Lydia Grant e alla chioma riccia di Bruno Martelli (e sì, la serie *Saranno Famosi - Fame* era ambientata proprio alla Juilliard School), rappresenta una fase fondamentale nel percorso di Speranza. Un momento cruciale di crescita personale e professionale. La sua mente si arricchisce in quegli anni di stimoli mai esplorati fino ad allora, la sua creatività si lascia vivacemente influenzare dal quotidiano confronto con studenti e artisti provenienti da culture e luoghi lontani, il suo talento si fortifica e di pari passo la consapevolezza che soltanto studiando duramente si possa arrivare ovunque si voglia.

Dopo il Diploma in pianoforte e il Master of Music in esecuzione, Speranza lavora per anni come pianista e maestro collaboratore — il pianista che accompagna il cantante lirico nelle esercitazioni — e calca i teatri di tutto il mondo: dalla New York City Opera al Metropolitan Opera fino al Festival di Salisburgo. Per otto anni sarà la pianista collaboratrice al fianco del Maestro Riccardo Muti: "Un grandissimo musicista, una persona dalla quale ho imparato molto. Sono grata alla vita di aver potuto lavorare con lui per tanto tempo", dice oggi.

Ma non è necessario scomodare Propp e la sua celebre *Morfologia della fiaba* per sapere che in ogni storia di fate vestite di tulle e incantesimi a scadenza, il protagonista debba prima o poi superare una prova che rappresenterà il punto di svolta della sua esistenza. Speranza Scappucci, donna fiera e consapevole, caparbia ed esclusiva artefice del proprio domani, riesce a costruire da sola il punto di rottura con il suo passato, tessendo con le sue mani d'oro la linea di un traguardo nuovo di zecca.

Il 10 febbraio 2012 debutta all'Università di Yale come Direttrice d'orchestra del *Così fan tutte* di Mozart, portando a compimento una decisione maturata nei due anni precedenti: abbandonare il pianoforte per dedicarsi alla direzione d'orchestra.

"La ricordo come una serata indimenticabile, in cui ho capito che quella era la mia strada, che la mia vita sarebbe cambiata per sempre. Non avevo nulla in mano, non avevo contratti, un agente, ero al top della mia carriera come pianista d'opera. Quella sera mi sono detta che mi sarei dovuta rimettere in gioco perché quello era ciò che volevo fare. Era come se tutti gli anni di preparazione, sacrificio e gavetta trovassero il loro perché, la loro ragion d'essere".

Tutto ciò che semini prima o poi torna in un modo o nell'altro. Siamo il terreno dove l'aratro della vita è passato dissodando, mescolando, frantumando le zolle e preparandole alla stagione della crescita e del raccolto. Siamo il raccolto che proviene dal seme. Le relazioni che Speranza ha collezionato durante gli anni del lungo percorso musicale sono quelle su cui può contare nel suo cambio di rotta. I professionisti, i direttori artistici, i registi che l'hanno conosciuta e stimata come eccellente pianista d'opera sono ora pronti a darle una nuova possibilità.

"Bisogna avere la fortuna di incontrare persone che vogliono correre il rischio, scommettere su di te, altrimenti diventa molto difficile farcela. Alcuni si sono mostrati scettici, altri invece hanno avuto fiducia e mi hanno sostenuta sin da subito. Senza qualcuno che ti affidi una produzione non hai modo di dimostrare quanto vali. È quello è il primo passo, successivamente la visibilità ottenuta anche solo una volta dà il via a un effetto domino di conoscenze e opportunità".

La prima a puntare sulla nuova carriera è Francesca Zambello, regista d'opera italoamericana, direttrice artistica dell'Opera di Washington che le affida la direzione dello *Stabat Mater* di Pergolesi al Glimmergass Festival di New York. Uno spettacolo meraviglioso, un pezzo di musica sacra accompagnato eccezionalmente dalla coreografia di otto ballerini. Un'occasione unica che fa conoscere la Scappucci direttrice d'orchestra a pubblico, stampa e agenti. Il salto è fatto e ora non ci crede solo lei.

Dopo il mondo manca l'Italia, casa. E qui bisogna ringraziare l'intuito di Francesco Michele, direttore artistico del Macerata Opera Festival, per il debutto italiano: nel 2014 le affida infatti la direzione della Traviata.

Da quel momento Speranza dirige all'Opera di Vienna, Zurigo, Parigi, Barcellona e Washington e nel 2017 diventa direttrice musicale dell'Opera Royale di Wallonie a Liegi. Ma c'è un momento e una persona che Speranza non dimenticherà mai. È il 2016. Lei è a Pesaro per il Rossini Opera Festival. Dopo la prima del *Turco in Italia* riceve in camerino una visita. È l'uomo che ha deciso di scommettere su di lei, il maestro Stefano Mazzonis di Pralafera. È lui ad affidarle con poche parole la sua prima direzione musicale. "Cerchiamo un nuovo direttore musicale – le dice secco – e sarai tu". Non parole qualsiasi, ma un riconoscimento e un passaggio storico nella vita di Speranza.

"Per me la carriera da direttrice d'orchestra è in un certo modo il proseguimento di quella da pianista. Ho sempre avuto una forte passione per quello che faccio, mi piace fare musica con gli altri, stare da sola in una stanza non mi interessa, infatti non sono mai stata pianista solista. Sono una persona estremamente sociale, dirigere per me significa condividere, ogni membro dell'orchestra e del cast ha un ruolo necessario alla riuscita dello spettacolo".

La capacità di riuscire a reinventarsi e lanciarsi in nuove avventure professionali viene dalla consapevolezza di sé che è a sua volta il frutto di studio, sacrifici e lavoro. La conoscenza profonda del repertorio musicale che Speranza ha maturato da pianista le ha permesso di fare il grande passo. La sua preparazione generale, la comprensione emotiva e tecnica delle opere, degli strumenti, dei cantanti e degli attori è ciò che ha trasformato un salto nel buio in un sicuro salto sul podio. Il suo passato scritto in maiuscolo giorno dopo giorno, da quando era soltanto una curiosa bambina di quattro anni, le ha garantito l'opportunità di mettersi in gioco senza troppi timori, alzandosi dallo sgabello del piano su cui eseguiva l'interpretazione di altri e rimanendo in piedi per offrire al pubblico la sua personale interpretazione.

"Noi siamo piccolissimi rispetto a un genio come Rossini, a noi sta il compito di cercare di capire questi signori cosa volevano scrivere e suonarli al meglio ma ricordandoci sempre che siamo solo degli interpreti. Bisogna dedicarsi alla ricerca estenuante della presunta verità scritta tra le note, cercare di capire cosa voleva trasmettere Verdi scrivendo un determinato spartito e provare ad avvicinarsi alle sue reali intenzioni. Questo si ottiene soltanto studiando molto".

La vita di Speranza Scappucci coincide con la musica. Eppure, ne ascolta pochissima. A casa non ha mai avuto neppure uno stereo. La studia tutto il giorno, la suona o la dirige e occupa tutte le sue giornate con il rigore che la musica richiede e che Speranza non nega mai. È il suo faro, grazie al quale non si perde. Tranne che tra le vie di qualche melodia amica quando viaggia da sola in auto. Per il resto ama ascoltare il silenzio.

Dal 2012 in poi Speranza colleziona successi e riconoscimenti internazionali, ma è ciò che succede nel 2022 a destinarle un posto negli annali della musica.

Ha appena deciso di concedersi qualche settimana di riposo lontana dai palchi per dedicarsi alla cura di sé e allo studio quando il 6 gennaio riceve una telefonata inaspettata: "Stavo prendendo il caffè quando squillò il telefono. Era il mio agente. A causa del covid il maestro Evelino Pidò non poteva più dirigere l'orchestra della Scala. Stavano cercando qualcuno che conoscesse il titolo in programma, avevano pensato a me".

Il primo giorno di prove è previsto per il 7 gennaio, la prova generale è fissata per il 15 e la prima sarà il 18 sera. Speranza ha otto giorni per prepararsi a essere la prima direttrice italiana a dirigere un'opera al Teatro alla Scala di Milano.

"Ho tirato fuori la partitura e ho detto al mio agente di lasciarmi dodici ore di tempo. Ho spento tutto, i telefoni e il computer. Mi sono messa al pianoforte a studiare per dieci ore di fila. Il giorno dopo sono partita per Milano. In quel momento l'unica cosa a cui pensavo era soltanto essere in grado di ripagare la grande fiducia che mi veniva data. E io ero la sola a sapere se quella occasione fosse un rischio o un'opportunità".

L'opera da mettere in scena è *Capuleti e Montecchi*, un'opera decisamente rara che in pochi hanno diretto nel mondo. Il tempo necessario per poterla preparare è almeno di un mese ma Speranza ha poco più di una settimana. Ha avuto la fortuna di averla già diretta nel 2013 a Yale in versione ridotta ma sono nove anni che non apre la partitura e il giorno dopo, alle quattro, deve cominciare le prove davanti all'orchestra. Palco importante, palco italiano, palco sul quale non è ancora salita per dirigere una donna italiana. Per lei, solida come la sua preparazione e la sua passione, è un'occasione imperdibile. Il tempo è poco, l'adrenalina è tanta: Speranza stringe la sua bacchetta e compie la magia.

Le prove generali e la prima sono un successo, l'acclamazione arriva unanime. L'orchestra suona meravigliosamente le musiche di Bellini, il coro e il cast interpretano con trasporto la storia d'amore e di tragedia, il pubblico è commosso. E lo è pure lei, finalmente. Così, indossa i tacchi (per dirigere, e anche la Scala non fa eccezione, porta le sue solite scarpe comode che in buca non vede nessuno) e va a prendersi gli applausi che non dimenticherà mai.

Sembra incredibile che per il debutto di una donna italiana alla Scala si sia dovuto attendere il 2022. Sembra impossibile che fino a quasi trent'anni fa la direzione di un'orchestra fosse esclusivo appannaggio degli uomini e che considerare le donne non all'altezza di quel podio fosse un pregiudizio tacitamente condiviso.

Se per anni abbiamo utilizzato nomi maschili per parlare di scienziati, astronauti, ministri e politici non c'è da meravigliarsi. La lingua è consuetudine, evolve con la società, è quindi ovvio che essendo stati per duecento anni soltanto uomini a dirigere l'orchestra, oggi sia considerato normale utilizzare il maschile per entrambi i generi. "A dire il vero non ci ho fatto nemmeno caso, ero concentrata sul resto", dice. Forse è stata l'unica a non notare che sulla locandina della Scala la definizione più importante, "maestro concertatore e direttore d'orchestra", per la prima volta fosse sostituita da "direttrice".

Non ha bisogno di dimostrare nulla come Maestro-donna, Speranza. Il podio richiede il polso che lei ha, come la forza per affrontare il doppio giudizio: quello del pubblico alle spalle e davanti quello dell'orchestra. E l'istinto di leader, che non le manca affatto: qualcosa che mescola insieme carisma, intuizione, sensibilità, capacità di guidare e trasportare. E forza, tanta. Un istinto che non ha nulla a che fare con il genere, come la musica (che è linguaggio universale). Il mondo va avanti, ormai sempre più veloce, e per una donna è possibile ora fare quello che un tempo non sarebbe stato possibile: viaggiare per il mondo, in giro per teatri, concerti e tournée.

Le bambine di oggi cresceranno con lo sguardo rivolto a donne munite di bacchetta e braccia fluttuanti nell'aria. Le identificheranno con titoli declinati al femminile e quando saranno adulte non strabuzzeranno gli occhi davanti a una locandina che riporta il titolo di Direttrice d'orchestra. È successo già con "Ministra", una parola che non esisteva è che è stata coniata apposta. Il termine Maestra invece esiste e allora perché non usarlo?

"A Berlino già mi chiamano così. In italiano si obietta che la maestra sia quella delle elementari ma la maestra è una figura fondamentale per la nostra vita, è la persona che ci forma. Maestro viene da *magister*, siamo quelli che dovrebbero istruire gli orchestrali, è questo il nostro ruolo. Spero che arrivi presto il momento in cui non si dovrà più sottolineare il genere. So che purtroppo adesso è ancora necessario attraversare questa fase di transizione e di rivendicazione ma personalmente io bado ad altro. Ma con il tempo arriverà anche la parola Maestra, senza più obiezioni" dice e sorride sicura. "La musica non conosce genere, noi interpretiamo melodie composte da altri, in quanto interpreti mettiamo la nostra anima, talento e tecnica al servizio della musica e ognuno di noi ha un certo tipo di sensibilità. Ma non dipende assolutamente dall'essere donna o uomo. Ognuno di noi è frutto di una storia indipendente e non di una categoria alla quale appartiene".

E pensare che tra la fine dell'Ottocento e l'inizio del Novecento Giacomo Puccini, compositore passionale e viscerale molto amato da Speranza Scappucci per la sua musica sinfonica e ricca di contrasti scritta proprio per l'orchestra, riservava nelle sue opere un'attenzione particolare alle donne, consacrandole come protagoniste indiscusse delle sue composizioni più note. Da Madama Butterfly, che decide di porre fine alla sua vita quando la sua scelta d'amore si rivela essere soltanto un'illusione, passando per Tosca, pronta a uccidere e morire per il suo amato, fino a Turandot, donna severa e appassionata che rivendica il suo diritto a essere artefice del suo destino. I titoli delle opere pucciniane sono declinati al femminile e il mondo femminile nella sua complessità è il tema ricorrente delle sue arie.

A differenza delle opere tragiche, la fiaba ha l'obbligo del lieto fine. E la storia di Speranza Scappucci non è da meno. Per il futuro ha in serbo vecchi e nuovi palchi da calcare e melodie del passato da suonare per la prima volta. È pronta a lucidare la sua bacchetta, a regalare con grazia pentagrammi e note all'aria e poi rimettere tutto in ordine con le sue mani, lì in piedi su quel podio che si è costruita da sola come una fiera ed enigmatica Turandot.

Paola Severino

*Sono arrivata dove sono impegnandomi
e mantenendo costante l'idea che se meriti,
questo merito ti sarà riconosciuto,
anche se il percorso è molto lungo.
Nessuno di noi nasce con il successo in tasca.*

7
Professoressa, prima di tutto

Paola Severino, avvocato di fama internazionale, ha un bel po' di primati nella sua carriera. È stata la prima donna Ministro della Giustizia in Italia e anche prima rettrice nella storia dell'Università LUISS di Roma. Nel 2021 Mario Draghi l'ha nominata Presidente della Scuola Nazionale dell'Amministrazione.

Ci sono almeno cinque modi in cui la si potrebbe chiamare. Ma lei ne preferisce uno in assoluto: professoressa. E sarebbero diversi anche gli aggettivi per definirla. Ma questa volta sono io che scelgo: essenziale. È il mio preferito. Quando me lo attribuiscono ne sono felice.

Dal suo studio nel centro di Roma si vede la Cupola. È una delle prime cose che mi mostra prima di offrirmi un buon caffè, perché intravedere il Vaticano da un affaccio pare porti bene. E a proposito di fortuna, appena entriamo nel suo studio uno dei primi gesti che compie è una toccatina a un grande corno con la testa di Pulcinella dell'artista napoletano Lello Esposito, che pende dal soffitto. E se non bastasse, quando la giornata lo richiede, si concede una toccatina anche alle corna dell'armatura di un samurai che la difende all'ingresso del suo ufficio.

La incontro di sabato mattina nella città che l'ha adottata, Roma, sottraendole il piacere, diventato abitudine, del penultimo giorno della settimana: far la spesa. La domenica, invece, per lei è della famiglia e del ragù, quello napoletano, che deve *pippiare* rigorosamente per cinque o sei ore, e che Paola Severino sa preparare con lo stesso talento con cui prepara le sue arringhe o le lezioni all'Università.

Le saghe familiari mi intimoriscono un po': mi perdo, non ricordo i nomi, confondo le parentele. Di solito lascio il libro sul comodino ripromettendomi di riaprirlo presto, il che non avviene quasi mai.

Sono rimasta quindi piacevolmente sbalordita quando, ascoltando la storia familiare di Paola Severino, ho sperato che la sua morbida voce dai toni così accoglienti e familiari continuasse all'infinito il racconto di una vita densa, che parte e torna spesso in un'amata e fascinosa Napoli, alla tavola di nonne generose pronte a condividere il companatico e nonni autori di grandi progetti.

Mi auguro di essere all'altezza della sua ammirabile favella nel farmi portavoce di questa bellissima storia che inizia da due famiglie così diverse eppure così simili, il cui fortuito incontro darà i natali alla donna che è stata la prima Ministra della Giustizia italiana, prima donna ai vertici della magistratura militare, prima rettrice della Luiss, avvocata, professoressa, uno dei nomi davvero papabili per il Quirinale prima della rielezione di Sergio Mattarella a Presidente della Repubblica. Oggi anche a capo della Scuola Nazionale dell'Amministrazione con l'importante compito di formare la classe dirigente del Paese. Ruoli diversi, stessa ricetta: competenza, determinazione e lungimiranza.

Nella Paola Severino di oggi c'è tutto il suo passato, come d'altronde in ognuno di noi. C'è innanzitutto una Napoli vivace, dove nasce alla fine degli anni '40. Sua madre proviene da una famiglia della media borghesia, donna severa, ma anche piena di affetto, dedita alla famiglia, sposa per amore a diciott'anni. Il nonno materno è un ingegnere, dirigente del genio civile.

"Quando uscivamo insieme, avrò avuto sette anni, mi faceva ripetere le tabelline e mi mostrava con grande orgoglio le opere che aveva progettato per Napoli. Mi portava a via Caracciolo e mi diceva 'vedi, il progetto di rifacimento l'ho fatto io', oppure mi indicava l'inizio della metropolitana e diceva 'questa diventerà una grande opera per Napoli perché quando ci sarà la metropolitana, la città cambierà'".

Con parole di meraviglia, Paola ricorda quando suo nonno riesce a far arrivare dall'America il primo frigorifero, un Philco che ancora oggi conserva gelosamente. L'ingresso di questo oggetto misterioso desta nel quartiere nel quale vivono un certo scalpore e parecchio entusiasmo. E solo Napoli sa far diventare evento l'arrivo di un oggetto. Sembra di essere in quella casa quando ascolto Paola Severino raccontare di un allegro e chiacchierato viavai di donne che quotidianamente portano il burro per conservarlo nel magico elettrodomestico.

"C'era un balconcino che dava sulla strada, io imitavo mia madre e calavo il paniere. Le donne che mettevano la spesa avevano sempre qualche cosina da regalarmi. Tuttora mi commuove pensare alla grande generosità di un quartiere povero. Mi ricordo anche di una famiglia di vicini, una mamma e tre ragazzi. Erano poverissimi ma coltissimi, non facevano altro che leggere e parlarci di storia. Spesso non avevano neanche da mangiare. Mia madre e mio nonno li aiutavano in qualche modo, era una sorta di scambio: loro ci regalavano cultura e noi un pasto per sopravvivere".

Paola cresce coltivando una profonda ammirazione per suo nonno, personaggio molto amato nel quartiere popolare della Pignasecca, non soltanto per le sue opere ma anche perché durante la guerra aveva offerto rifugio a molti napoletani. Il palazzo in cui viveva era addossato alla collina, posizione fortunata per nascondere un rifugio: quando suonavano le sirene il nonno accoglieva chiunque cercasse un riparo. Salvezza, cibo e *'na tazzulella e' cafè*, che non negava a nessuno.

L'altra metà della famiglia, invece, è povera. Il nonno di Paola Severino discende da notai e magistrati, ma per lui lo studio non era stata una possibilità perché era rimasto orfano di padre a soli cinque anni. Quando conosce sua moglie, la nonna, accetta un impiego alle Poste. Avranno più di dieci figli, ma ne sopravviveranno soltanto sei.

"Anche mia nonna paterna era molto generosa, ospitava tutte le persone bisognose che le capitava di incontrare. Ogni giorno, almeno una persona che non riusciva a mettere il piatto a tavola sedeva a mangiare con noi. Sono cresciuta così" racconta.

Si intenerisce quando parla di suo nonno. Ricorda quando tornava dal lavoro con la borsa di cuoio usata e logora, nella quale però non mancava mai un giocattolino per lei: un Pinocchio con le ruote o un pacchetto di liquirizie, con il suono inconfondibile della scatolina e la sua mano di bambina che si apriva, pronta ad accogliere quelle minuscole particelle di felicità. Non ho difficoltà, nel sentirla parlare, a rintracciare nella donna solida e forte di oggi i semi di quel nonno paterno che stentava a portare avanti una famiglia così numerosa, che faceva straordinari su straordinari per far mancare il meno possibile in famiglia. Il suo unico obiettivo era far studiare i suoi sei figli. E ci riuscì. Tutti laureati. Anzi una delle figlie si è laureata pure due volte. Tre maschi magistrati e le tre femmine farmacista, avvocato e professoressa di lettere. E il ricordo va a quel vocabolario di latino, uno per tutti, che dovevano passarsi a turno.

"E quando il compito in classe capitava nello stesso giorno se lo dovevano contendere — ricorda —. Erano tutti molto bravi, conosciuti come i ragazzi Severino, quelli studiosi. La loro disciplina era citata anche a casa della famiglia di mia madre. Quando lei non studiava la frase era rituale: 'tu dovresti essere come uno dei fratelli Severino!'".

Così, quando la madre di Paola una volta al liceo comincia a zoppicare in qualche materia, il futuro padre di Paola viene chiamato per darle ripetizioni. Ed è proprio lì, tra libri, penne e matite da spuntare, che i due ragazzi si innamorano. Lei ha diciassette anni, lui ventisei. Ma la differenza d'età non li scoraggia: ormai pensano già al loro futuro insieme. Il padre di Paola fa il cancelliere per potersi mantenere e intanto studia per diventare avvocato. Ma quando, secondo le usanze dell'epoca, va dal nonno per chiedergli in sposa la figlia, il nonno obietta che l'avvocatura non assicura guadagni certi e promette che concederà la mano solo a patto che il futuro genero diventi un magistrato. Severino per amore rinuncia alla sua ambizione. E così in poco tempo si prepara, supera il concorso in magistratura e diventa finalmente degno della mano della futura sposa.

Paola nasce da lì a un anno e i primi passi li muoverà lontano da Napoli, a Verbania, sul Lago Maggiore, dove il padre viene trasferito.

"Ero piccolissima eppure di quel periodo ricordo ancora l'odore dei panni lavati fuori e stesi al sole sul prato, il profumo delle brioche appena sfornate in un piccolo negozio di 'coloniali' — così si chiamavano ancora le botteghe che vendevano caffè, cioccolata e dolciumi — avevano la forma di cerbiattini e al posto degli occhi due pezzetti di ciliegie candite".

Il padre ha uno stipendio da magistrato, decoroso sì, ma non altissimo. Sua madre non lavora, ma spetta a lei gestire l'economia di casa. Ed è lì, tra quelle raccomandazioni di indipendenza che si ottiene con lo studio e con il lavoro, che cresce Paola che costruirà mattone su mattone la sua formazione e poi la sua carriera, come le ha insegnato sua madre.

Ha quattordici anni quando il padre, ormai affermato magistrato del lavoro, decide di tornare alla sua passione iniziale e di lanciarsi nella carriera da avvocato. Non ritiene corretto farlo nella stessa città in cui ha fatto il giudice e quindi si trasferisce a Roma con tutta la famiglia. La sofferenza del distacco da quella città brulicante di abbracci, profumi, sole e risate fragorose, per i tre ragazzi è enorme. Paola ha ancora vivido il ricordo di quando suo padre li portò nella nuova casa di Roma che aveva un'ampia veranda a un piano alto e le disse: "'Guarda che bel panorama!' Io risposi 'ma non c'è il mare'. Quella malinconia da assenza del mare me la porto sempre dentro. Vorrei che la mia ultima casa fosse proprio a Napoli".

Solida. È un altro aggettivo che mi viene facile usare, per definirla. E avrà contribuito senza dubbio quel trauma arrivato troppo presto. Non che ci sia un momento giusto, un tempo maturo, ma sedici anni sono davvero pochi per una ragazzina per affrontare la malattia. Paola ha solo sedici anni quando qualcosa di imprevedibile interrompe la routine della sua famiglia. Per una grave malattia perde l'uso del braccio destro che molti anni dopo le sarà amputato. Grazie alla forza della vita tipica della sua giovane età, alla visione ottimistica delle cose che per indole le appartiene, affronta tutto con coraggio e un pizzico di incoscienza. Con il sostegno dei suoi straordinari genitori e la solidarietà dei suoi fratelli, Paola supera tutto conquistando una convinzione che poi consoliderà crescendo: le persone che affrontano gravi problemi di salute sono diverse dagli altri, maturano un'incredibile forza interiore.

"Mi capita spesso di riconoscere chi ha superato una grande sofferenza perché è decisamente più combattivo degli altri. Per la maggior parte delle persone la vita è una realtà scontata, per quelli che hanno dovuto combattere una minaccia mortale e superare una malattia, la vita è un dono prezioso da proteggere ed apprezzare ogni giorno".

La storia di Paola è prima di tutto la storia della sua famiglia. Non solo perché nei tratti decisivi del suo carattere è possibile rivedere la generosità e l'empatia della nonna, la caparbietà, lo spirito solidale e l'interesse del bene comune del nonno. Ma anche perché le scelte che nella vita l'hanno resa la donna che è oggi sono state profondamente influenzate dall'esempio e dagli ideali che i suoi affetti le hanno trasmesso sin dall'infanzia.

A cominciare dall'iscrizione alla Facoltà di Giurisprudenza presso l'Università La Sapienza di Roma.

E non avrebbe potuto fare altro, una ragazza che cresce dividendo il mondo tra giusto e ingiusto. Il suo pensiero parte da lì ogni volta per guardare gli eventi, le azioni, le persone. E lo dichiara subito. È appena in terza elementare quando in un tema inizia a scrivere il suo futuro: diventare un avvocato penalista per rimediare alle ingiustizie.

"Di solito si pensa all'avvocato come un difensore o come una persona che dovrebbe quasi farsi scrupolo del suo lavoro perché difende qualcuno che ha sbagliato. Invece, spesso, l'avvocato dà un contributo alla giustizia forte quanto quello di un pubblico ministero o di un giudice. Si batte, se necessario, per garantire che un innocente venga assolto e che anche un assassino veda riconosciute delle attenuanti, se le merita. Si può commettere un reato perché si ha una natura perversa o perché purtroppo circostanze ambientali, avverse e contrarie, hanno portato al compimento di quell'atto. Saper differenziare le due situazioni è necessario, imprescindibile per una decisione giusta, perché ognuno abbia la pena che merita, attraverso un giusto processo e una difesa adeguata".

Paola si laurea nel '71 con una tesi sulla responsabilità penale del Presidente della Repubblica sulla quale non esiste praticamente casistica in Italia. La sua tesi è addirittura innovativa rispetto a quella dell'unico autore che ne ha scritto. Ma con una discussione brillante che coinvolge l'intera illustre commissione si laurea con 110 e lode e l'inaspettata proposta di diventare assistente.

Vince una borsa di studio dando avvio al suo percorso nell'ambiente universitario mentre parallelamente si dedica alla realizzazione del suo sogno di bambina, un tempo sogno di suo padre.

Inizia a lavorare in uno studio importante, in cui lavora quasi esclusivamente come addetta alla preparazione di memorie ma, insoddisfatta di questo limite, chiede e successivamente ottiene di entrare a far parte dello studio del professor Flick, giurista di fama, ex Ministro di Grazia e Giustizia ed ex Presidente della Corte Costituzionale. Qui le viene data l'opportunità di imparare, osservare, crescere, confrontarsi con i clienti, partecipare alle udienze, fare mostra delle sue doti oratorie durante le arringhe. Questi anni di illustre gavetta le permetteranno di porre una solida base per la costruzione della sua figura professionale futura. Con i suoi spiccati talenti, la capacità di apprendimento, l'intelligente umiltà e la conquistata consapevolezza, Paola riesce a distinguersi e farsi notare dal professor Flick che inaspettatamente, un giorno, la convoca nel suo ufficio.

"Mi disse che per me era arrivato il momento di spiccare il volo. Lo ricordo come un apprezzamento che mi riempì d'orgoglio ma anche di grande paura, il pensiero di dover affrontare da sola un'attività professionale libera mi eccitava e mi spaventava. Presi in affitto una stanza nello studio di un altro avvocato. Mi sedetti alla bella scrivania che era stata di mio padre e iniziai a guardare il telefono. Questo telefono squillerà, qualcuno mi cercherà, pensavo. Avevo qualche piccolo cliente con il quale avevo cominciato ma ero timorosa. Inaspettatamente il telefono squillò e fino a oggi non ha più smesso di squillare".

È proprio in questo periodo che anche per lei arriva il momento di confrontarsi con l'atavico pregiudizio sulla credibilità professionale di una donna. Un giorno viene chiamata dal capo dell'ufficio legale di una grande banca in cerca di assistenza per un suo dirigente. Si trattava di un caso giudiziario molto importante all'epoca. Il dirigente arriva in studio, espone il caso, Paola presenta la sua linea difensiva, entrambi sono soddisfatti, si salutano con una nomina concordata verbalmente a cui manca solo l'ufficialità. Ma l'indomani il telefono squilla. È ancora il capo dell'ufficio legale che, imbarazzato, le comunica che il dirigente ha deciso di rivolgersi a un altro avvocato. Motivazione? Sua moglie ritiene che una donna non sia sufficientemente combattiva per poter vincere una causa.

"Credo che sia stata la più grande mortificazione della mia vita, inferta a una donna da una donna. Per diversi giorni rimasi turbata e poi mi dissi no, non ti devi fermare, è una cosa ingiusta quella che ti hanno detto e tu devi fare in modo che non succeda più. Lì ho capito che non bisogna farsi disarcionare alla prima occasione, bisogna essere più forti del pregiudizio. Sono sicura che se oggi tornassi da quella signora mi chiederebbe scusa e mi direbbe che allora commise un grave errore".

Non fu l'unica occasione. Le è capitato spesso, all'inizio della sua carriera, di entrare in sale riunioni e sentirsi chiedere "di chi sei la segretaria?" oppure "nello studio di chi lavori?". Come se una donna non potesse avere un proprio studio! O forse perché di penaliste, in quel periodo storico, ce n'erano ancora troppo poche, soprattutto penaliste d'impresa, e ritrovarsene una tra i piedi, giovane e già brillante, era quasi inaccettabile per un mondo governato da maschi.

Negli anni di Tangentopoli e Mani Pulite, la crescita professionale di Paola Severino prende il via e ottiene i primi successi nell'attività di avvocata che a tratti negli anni ha dovuto interrompere per potersi dedicare alla carriera universitaria. Nel 1987 sua figlia è molto piccola quando diventa professoressa associata di diritto penale e nel 1995 diventa professoressa ordinaria all'Università di Perugia.

"Mentre preparavo il concorso spesso mia figlia Eleonora bussava alla porta dello studio, si portava il suo tavolinetto, la sua seggiolina e si metteva a scrivere accanto a me. Mi diceva 'Mamma, sto buona buona e scrivo con te'. Sono felice di aver avuto una figlia, lo trovo pienamente compatibile con qualunque lavoro. Certo, non è facile. Sei pieno di sensi di colpa perché passi poco tempo con tuo figlio. Però non ho mai dimenticato l'insegnamento del pediatra che appena nacque mia figlia mi disse 'vale più una mezz'ora di una mamma soddisfatta che passa del tempo di qualità accanto a suo figlio, piuttosto che una giornata intera di una mamma infelice'. Con mia figlia ho sempre cercato di conservarmi degli spazi molto dedicati, magari brevi ma dedicati esclusivamente a noi".

La doppia carriera di Paola procede in parallelo ma ugualmente a gonfie vele, cavalcando onde, raggiungendo porti lontani, superando orizzonti inavvicinabili.

Dal 1997 al 2001 riveste la carica di vicepresidente del Consiglio della magistratura militare, prima donna della storia a ricoprire questo incarico. Dal 2002 al

2007 è Preside della Facoltà di Giurisprudenza alla LUISS di Roma, dove diventerà anche prima donna rettrice nella storia dell'Università.

Ma l'anno in cui la sua brillante traversata professionale arriva a toccare terre al di là dei confini disegnati sulle mappe fino ad allora perlustrate è sicuramente il 2011.

Paola è a Torino per un fine settimana di svago con degli amici e suo marito. Mentre è in visita al Museo Egizio, immersa nella contemplazione della mummia delle tre sorelle, il suo cellulare squilla: è Mario Monti, le sta chiedendo di diventare il prossimo Ministro della Giustizia. Paola non ha mai pensato a un percorso politico, quell'invito la onora e la sconvolge. Chiede ventiquattro ore per rifletterci, sa che quell'incarico potrebbe cambiarle completamente la vita. Trascorre l'intera notte a parlarne con suo marito. Quello che la spaventa di più è il pensiero di dover chiudere il suo studio e lasciare l'attività nella quale ha investito tanto impegno.

"La mattina dopo chiesi a mio marito che cosa avrei dovuto fare. Lui mi disse 'Paola, devi decidere tu. Finora nella tua vita non hai mai preso una decisione sbagliata e non sbaglierai neppure stavolta'. Quella risposta mi confortò profondamente e mi incoraggiò. E decisi di accettare. Mio marito mi è sempre stato vicino, in qualsiasi momento, in qualunque scelta, perciò non direi mai che dietro una grande donna c'è un grande uomo. Preferisco pensarlo a fianco. E lo stesso vale sia al femminile che al maschile: accanto a una grande donna c'è sempre un grande uomo e viceversa".

È il 16 novembre 2011 quando Paola Severino viene nominata Ministra della Giustizia, prima donna a ricoprire la carica nella storia d'Italia.

Appena insediata si reca a via Arenula. È difficile tenere a bada l'emozione, i piedi avanzano con timore reverenziale nella stanza che diventerà il suo ufficio. Alza gli occhi al soffitto, lo sguardo e il pensiero si perdono nei meravigliosi affreschi che illustrano la storia dei patti lateranensi. Eppure, quel luogo ha per lei qualcosa di familiare. Un suo zio magistrato ha infatti lavorato in quei corridoi durante il ministero Togliatti. Paola non riesce a levarsi dalla testa un dettaglio dei racconti dello zio, quando parlava della bellissima scrivania di Togliatti che a un certo punto sembrava si fosse dileguata nel nulla. Si mette alla ricerca di quell'oggetto per lei carico di significato e, come sempre nella sua vita, ottiene ciò che vuole: ancora una volta un pezzo della famiglia è parte integrante della sua avventura, la scrivania di Togliatti diventa la sua scrivania nel suo ufficio di ministra.

Paola non metterà più piede nel suo studio per tutta la durata dell'incarico. Mai una telefonata per dare un'indicazione ai giovani avvocati che ha formato. Sente che la responsabilità da ministra non le permette di coltivare nessun tipo di interesse personale.

"Il governo Monti era preso dalle riforme economiche ma io sapevo che anche la giustizia aveva bisogno di una profonda e difficile riforma. I dialoghi tra un economista e un giurista sono spesso scambi in lingue diverse, così quando incontrai Monti decisi di affrontare con lui il discorso della giustizia prospettandolo dal punto di vista dell'economia e ricordo che improvvisamente lo sguardo del Presidente si illuminò di una grandissima attenzione. Da allora divenne un grande sostenitore delle mie riforme".

A cominciare dalla famosa legge Severino redatta assieme al ministro Filippo Patroni Griffi e alla ministra Cancellieri sull'incandidabilità e divieto di ricoprire cariche elettive e di Governo per sentenze definitive di condanna. Per completare poi una riforma meno nota ma altrettanto importante che modificò la geografia giudiziaria selezionando i Tribunali di medie dimensioni, i più efficienti, e chiudendo quelli troppo piccoli e troppo concentrati in una sola Regione.

Seduta alla scrivania, osservando con orgoglio il

suo staff quasi tutto al femminile, Paola può riflettere su quanto il settore della giustizia in Italia sia stato per tantissimo tempo un campo declinato esclusivamente al maschile. Basti pensare che per far sì che le donne accedessero al concorso in magistratura è stata necessaria una lunga battaglia di una donna coraggiosa e una modifica arrivata soltanto nel 1963. E che la prima donna a diventare Ministra della Giustizia sia stata Paola Severino, quasi 50 anni dopo.

Eppure, nonostante questo primato e una carriera ricca di successi e sfide vinte, l'intima e consapevole percezione di avercela fatta arriva soltanto con il riconoscimento della gente. Paola non è stata educata a desiderare la fama, a inseguire il potere a ogni costo. È cresciuta in una città in cui l'abbraccio è il massimo segno di riconoscenza, in cui un sorriso pesa quanto una moneta. In una casa la cui porta era sempre aperta per chi ne avesse avuto bisogno. Niente, più della calorosa stretta di mano della gente, può farle capire che ce l'ha fatta, lei donna e del Sud.

E Napoli in un modo o nell'altro torna sempre nella vita di Paola Severino. È da lì che arrivano due dei suoi ricordi più preziosi di ministro.

Il primo è tra le strade della Pignasecca, il quartiere di suo nonno, dell'infanzia dei suoi genitori.

È qui che, durante il suo mandato, una parte dei

negozianti intraprende un'azione decisamente coraggiosa contro il pagamento del pizzo alla camorra: ogni commerciante aderente espone la scritta "NO PIZZO" sulla porta della propria attività. Paola nutre una profonda ammirazione per questo atto silenzioso che urla adesso basta a ogni ingresso. La sua totale adesione alla causa la conduce a visitare ogni piccola bottega, vuole ascoltare i racconti di questi grandi eroi comuni, fargli sentire che le istituzioni ci sono. Durante il suo giro viene accolta da una folla di donne.

"Una di loro, avvicinandomi, disse ad alta voce rivolgendosi alle altre: 'vedete, vedete, è pure una bella donna'. Può sembrare una frase come tante, senza importanza, ma questo riconoscimento fisico mi fece capire che da quel momento in poi sarei stata riconosciuta camminando per strada e percepii che qualcosa era cambiato per sempre".

Il secondo ricordo la porta a Poggioreale, un carcere complicato e in quel periodo alle prese con il problema del sovraffollamento. Paola prende molto a cuore la questione e fa di tutto perché le carceri diventino un luogo più vivibile: modifica alcune leggi sulla detenzione, introduce nuove normative per eliminare le porte girevoli, propone pene alternative. I numeri delle presenze cominciano ad alleggerirsi, i risultati alla fine dell'anno sono straordinari ma alla ministra non bastano i dati, i numeri. Così si reca sul posto per guardare, per parlare, per toccare con mano la validità del suo piano di lavoro.

"Quando una figura istituzionale si reca in visita, di solito viene allestito un percorso ufficiale e normalmente si vede la parte più bella e pulita della prigione. Una volta arrivata chiesi invece di andare in un settore del carcere che sapevo essere il più difficile. Mentre camminavo per i corridoi, alcuni detenuti erano in cortile per l'ora d'aria. A un certo punto passai davanti alla finestra, uno di loro mi vide, mi riconobbe e a quel punto cominciò a gridare "SE-VE-RI-NO, SE-VE-RI-NO" e gli altri a seguire. E poi tutto il carcere: chiunque urlava il mio nome, nelle celle i detenuti battevano le mani sulle sbarre. Fu un momento memorabile, profondamente emozionante. Capii che i detenuti mi avrebbero ricordata come la ministra che in qualche modo aveva cercato di dare loro una mano".

E poi c'è Cagliari, altro carcere.
È qui, nel reparto maschile, che incontra un detenuto che sta intagliando un presepe di legno e che le racconta la storia della sua vita: piccoli crimini ripetuti e diventati più gravi nel tempo, perché per un ex detenuto trovare un lavoro dignitoso è un'impresa.

"Qualche giorno dopo dovevo andare con Papa Benedetto al carcere di Rebibbia, stavo preparando il discorso da tenere e indossavo la stessa giacca del giorno in cui avevo incontrato il detenuto. Ho preso dalla tasca la bellissima lettera che mi aveva consegnato, ho rinunciato al mio discorso e mi sono affidata completamente alle sue parole. C'erano circa 300 detenuti e abbiamo chiesto che non ci fosse la polizia penitenziaria. È stato un bellissimo momento di rivelazione e condivisione. Ho capito quanto fosse importante la ricerca del lavoro dopo il carcere e appena ho potuto ho dato vita a una fondazione che si occupa di questo".

Quando dalla vita si ha tanto, alla fine chi se l'è meritato (e nel merito crede fortemente), fa di tutto perché quel tanto rientri in circolo, non si fermi, alimenti altre storie. E la via che Paola Severino ha scelto dall'inizio è quella del restituire attraverso l'istruzione e la formazione. È per questo che il 24 settembre 2021 ha accettato il difficile incarico di presidente della SNA, la Scuola Nazionale dell'Amministrazione. Ed ecco il passato che ritorna: anche questa volta il pensiero è andato subito a suo nonno, genio civile a servizio dello Stato. L'esempio del fatto che un buon amministratore pubblico può davvero cambiare il volto del Paese e tanti bravi amministratori pubblici possono cambiare quello dell'Italia e dello Stato. Il mondo dell'economia privata è responsabilità dei bravi imprenditori, il mondo dell'economia pubblica e dello Stato è di bravi amministratori pubblici. La pubblica amministrazione non deve essere mai una scelta di risulta, ma la risposta ferma alla vocazione di voler cambiare le cose. Ancor di più questo vale nei momenti di emergenza, quando bisogna trovare la strada che ci metta in condizione di dare il meglio di noi. Viviamo momenti storici delicati in cui è necessario che chi ci amministra abbia la caparbietà, ma soprattutto la competenza, di non rinunciare a immaginare un futuro. Non uno qualsiasi, ma il migliore possibile. Siamo davanti a una grande prova di maturità dell'intero Paese, e non solo.

"Sul futuro io sono molto ottimista perché sono circondata da ragazzi straordinari che mi danno tutti i giorni prova di grande capacità e grande forza. Spesso mi chiedono come preferisco essere chiamata e la mia risposta è 'professoressa', perché il modo in cui ti guardano i giovani è irreplicabile. Insegnare vuol dire lasciare il segno e se hai lasciato un segno vuol dire che sei stato un bravo insegnante".

Una partita delicata. Per insegnare servono professori che conoscano, amino e soprattutto sappiano trasmettere ciò che insegnano. *Rem tene, verba sequentur*: prima possiedi i contenuti, poi le parole arriveranno.

Paola Severino tutto questo lo sa bene.

Ed è il motivo per cui ha voluto far nascere il progetto *Legalità e merito*. Scuole particolarmente meritevoli in aree socialmente disagiate, carceri minorili, centri dei servizi sociali ospitano incontri sul tema della legalità, tenuti da studenti volontari della LUISS. Paola Severino negli studenti crede molto: anime porose su cui nulla scivola via, costellate di microscopici spazi ancora vuoti; quei pori che in greco suonano come *poroi*, porte che aprono al mondo tutti i loro sensi. Dentro questo progetto c'è tutto quello che Paola considera prezioso: il saper discernere il giusto e l'ingiusto, il coraggio e l'intelligenza necessari per vivere tra le fatiche e i pericoli della vita, l'importanza del desiderare (per Paola bambina il desiderio più grande era il gelato della domenica), l'importanza di saper scegliere tra due vie. Due è il numero del dubbio, della scelta e dei lati opposti di cui siamo fatti. Ma nell'arco di una vita gli incontri, gli studi, le letture e la cultura possono valorizzarne il lato più bello e migliore.

Professoressa innanzitutto, quindi. Ma anche presidentessa, avvocata, ministra e per settimane papabile per il Quirinale. Nel 2022 il nome di Paola Severino è stato fatto più volte. C'è stato un avvicinamento progressivo e molto serio fino alla sera prima della votazione che poi ha portato al secondo mandato di Sergio Mattarella: "Ho trovato straordinario che qualcuno avesse pensato a me – dice a giochi fatti e con un po' di fatica (ancor più faticoso per chi ci ha provato è stato farla parlare dell'argomento nelle giornate clou) –.

Quando voteranno una donna spero che il Paese sarà abbastanza maturo per dire che hanno votato una persona con nome e cognome e non presentandola come donna ma soltanto per i requisiti che ha per diventare presidente. Quello sarà veramente il giorno nel quale avremo raggiunto la parità".

La saluto in fretta e furia, le ho fatto fare tardi, il sabato è il giorno della spesa: "La cura della famiglia richiede la presenza e l'attenzione. Che vuol dire anche andare a scegliere una primizia per i nipoti, gli ingredienti migliori per preparare il pranzo della domenica che a casa mia è rigorosamente un pranzo napoletano che preparo sempre io".

Questa storia non poteva che chiudersi qui, immaginando il profumo del ragù che mi sembra già di sentir *pippiare*.

Ringraziamenti

Il primo grazie è per loro, per le protagoniste di questo libro, che hanno accettato di raccontarsi e farsi conoscere meglio. Le loro storie sono un meraviglioso esempio della straordinaria forza delle donne.

Un grazie enorme ad Anna Masucci, che è parte della mia famiglia, diventata preziosa compagna di questa avventura, bella davvero come la sua mamma.

Grazie alla mia di mamma, che nella sua fragilità mi ha insegnato a essere forte. Più di tutti voglio dire grazie alla mia famiglia, tutta, per tutto. Ma in particolare grazie a due donne straordinarie: le mie sorelle, Luisa e Carola. Senza di voi non sarei la persona che sono e neppure questo libro sarebbe nato.

Grazie a una splendida giovane donna, Gaia Termini, per avermi regalato la copertina più bella e originale che potessi desiderare per il mio libro.

Grazie alla Santelli Editore, e al suo fondatore in particolare, per avermi cercata e voluta a tutti i costi. Grazie per avermi fatto sentire una scrittrice.

Grazie per i suoi puntuali consigli a Filippo Maria Battaglia, che di scrittori veri e di scrittura ne sa.

E grazie al mio primo lettore, Marco, l'uomo della mia vita, compagno di ogni viaggio. Cercare e trovare la tua mano sempre è la mia salvezza.

Indice

Prefazione	7
Introduzione	19
Il sorriso della competenza, *Elisabetta Belloni*	31
Dentro a un sogno in punta di piedi, *Tania Cagnotto*	53
C'era una volta Betty Doll, *Elisabetta Franchi*	75
La scienziata che visse due volte, *Gaia Pigino*	97
L'importanza di chiamarsi Titti, *Immacolata Postiglione*	125
Vissi d'arte, vissi d'amore, *Speranza Scappucci*	145
Professoressa, prima di tutto, *Paola Severino*	163
Ringraziamenti	187

Finito di stampare
nel mese di ottobre 2022
presso Rotomail Italia S.p.A. – Vignate (MI)